It's All Love

JENNA ORTEGA

It's All Love

RIFLESSIONI PER IL CUORE E L'ANIMA

GIUNTI

Titolo originale: *It's All Love*
Testo: © 2020 Reereelicious, Inc.
Progetto di copertina e interno: © 2021 by Ali Mac

Pubblicato per la prima volta nel 2020 negli Stati Uniti d'America da Random House Children's Books, una divisione di Penguin Random House LLC, New York.

Traduzione: Marco Astolfi
Realizzazione editoriale: Chiara Codecà
Impaginazione: Veronica Urbano

Questa edizione è stata pubblicata in accordo con Random House Children's Books, una divisione di Penguin Random House LLC, tramite Berla & Griffini Rights Agency.

www.giunti.it

Via Bolognese, 165 - 50139 Firenze - Italia
Via G. B. Pirelli, 30 - 20124 Milano - Italia

Prima edizione: ottobre 2023

A mia madre, che ispira tutto quel che faccio

INDICE

Mi rapporto con il mondo partendo da una condizione di amore e luce. Rivedo me stessa in tante delle persone che mi scrivono sui social media o che mi fermano per strada per condividere le loro difficoltà. Riesco a comprendere fan diversi da me per lingua, stile di vita e fede, ma con cui condivido gli stessi dubbi e le stesse insicurezze. Nonostante tutto quello che ci divide, tutti vogliamo trovare amore nel riflesso che ci restituisce lo specchio. Sotto molti aspetti ho avuto una vita fortunata, ma questo non mi ha risparmiato momenti difficili. Quando leggo i messaggi di follower che si sentono soli o dubitano della propria forza mi identifico con loro, perché ci sono passata anch'io. Miei lettori, non siete soli: siamo tutti più simili di quanto crediamo. Stiamo facendo questo viaggio insieme. È tutto amore.

La mia speranza più grande è che il cuore e la sincerità che ho riversato in queste pagine possano portare un po' di amore e di luce nella vostra vita. Abbiamo tutti il potere di essere gentili gli uni con gli altri, di supportarci a vicenda e di essere compassionevoli con noi stessi lungo il cammino. E io ho così tanto da dire in proposito. In queste pagine voglio raccontarvi di come ho imparato ad abbracciare l'autostima e la fiducia in me stessa, a cogliere opportunità, a correre rischi e superare lo stress e l'ansia. Condividendo il mio vissuto e i consigli frutto di esperienze personali, spero di potervi aiutare ad affrontare delle situazioni simili.

Ho avuto la fortuna di poter seguire la mia passione e fare ogni giorno quello che amo. Ci sono voluti molto coraggio e determinazione per mettermi in gioco nel mondo del cinema e della televisione, per aggiudicarmi ruoli su cui avevo dubbi e per considerarmi all'altezza di parteci-

pare a grandi produzioni. L'idea di fallire può mettere paura, ma vale sempre la pena di scommettere su se stessi. Ognuno di noi sta facendo il proprio percorso. Io tendo a paragonarmi agli altri, e a volte faccio fatica a riconoscere il mio successo e le mete che ho conquistato lavorando duramente, specie quando vedo qualche collega viaggiare a gonfie vele sulla sua rotta. Seguire le nostre passioni, credere in quello che abbiamo da dire e in ciò che possiamo offrire al mondo, lasciarci alle spalle paure, gelosie, insicurezze: sono queste le sfide più difficili che ci aspettano. Affrontarle ogni giorno richiede allenamento. A volte vinciamo, a volte no, ma possiamo sempre svegliarci la mattina dopo pronti a riprovarci. Non lasciate che la paura vi impedisca di realizzare i vostri sogni. Siete voi a scrivere la vostra storia.

Con tutto il mio amore,
Jenna

VIVI CON AMORE

L'AMORE
GUIDA
TUTTO QUEL
CHE FACCIO.

Quando interagisco con il mondo cerco di farlo da una posizione di amore e luce. Ho imparato a non criticare, a non farmi invischiare dalle energie negative e a non parlare male degli altri. Quando qualcosa mi coinvolge o mi appassiona, dico quello che penso in modo costruttivo, cercando di portare l'attenzione della gente su questioni importanti e incoraggiare discussioni prive di odio. E quando non mi sento preparata su un argomento faccio in modo di informarmi.

Al lavoro cerco ogni giorno di trasmettere amore e ottimismo sul set. Adoro recitare e sono davvero grata di poter coltivare la mia passione. Lascio che questo amore si diffonda con gesti grandi o piccoli: essere gentile e premurosa con le persone che lavorano con me è già un buon inizio. Certo, spesso è impegnativo alzarsi presto e stare sul set fino a tarda notte, ma non mi lascio sopraffare. Ricordo sempre quanto sono grata di fare questo lavoro. Per me è un privilegio.

METTI LA GENTILEZZA
AL PRIMO POSTO.

Una volta un'attrice che lavorava con me mi ha fatto notare che, quando incontravo un nuovo arrivato sul set, esordivo sempre con un complimento. All'inizio mi sono chiesta se questo facesse di me una lecchina, poi mi sono resa conto che, quando attraversavo un momento davvero difficile della mia vita, ricevere un complimento, anche su una cosa semplice e banale come le mie scarpe, mi tirava su il morale. È una lezione che ho fatto mia. Oggi cerco sempre qualcosa da apprezzare in chi incontro per la prima volta. Non si può mai sapere se qualcuno sta passando una brutta giornata. Magari un piccolo complimento può strappargli un sorriso. Anche solo essere notati può essere una bella sensazione.

Voglio dedicarmi solo a gesti gentili perché qualsiasi altra cosa è una perdita di tempo e di energia. Essere meschini o crudeli non migliora il tuo umore. Perché non cercare qualcosa di positivo, invece?

FISSA PER TE
GLI STESSI STANDARD
CHE SCEGLIERESTI
PER IL TUO MIGLIORE AMICO
O PER TUA SORELLA.
NON ACCONTENTARTI MAI.

Quando i miei amici hanno una cotta per qualcuno, li incoraggio a non concentrarsi solo sull'aspetto fisico, ma anche sulla personalità. Se una persona ti stimola dal punto di vista intellettuale e ti insegna qualcosa di nuovo su di te, puoi diventarne amico, e le relazioni migliori partono sempre dall'amicizia. Piuttosto che lasciarmi trasportare dall'attrazione iniziale mi ripeto che devo conoscere davvero chi ho davanti. Affidabilità, ottimismo e un buon senso dell'umorismo mi attraggono subito. La vita è stressante e io ho bisogno di qualcuno che mi aiuti a sentirmi bene e a vedere il lato positivo delle cose. Trovo che la gentilezza sia la qualità più attraente in un ragazzo. Quando mi piace una persona, voglio vedere come tratta chi non ha niente da dargli in cambio, se è gentile solo per il piacere di esserlo.

CREDO CHE
CERTE PERSONE
FACCIANO PARTE
DELLA TUA VITA
PER UN MOTIVO.
PUOI AVERE PIÙ
DI UN'ANIMA
GEMELLA.

Ho la fortuna di essere cresciuta insieme a un gruppo di cari amici. Con una di loro recentemente ho trovato una sintonia più profonda facendo lunghe conversazioni sull'universo, la politica, la giustizia sociale, il nostro futuro e la rapidità con cui stiamo diventando adulte. La pensiamo allo stesso modo sulle cose che contano e abbiamo lo stesso senso dell'umorismo pungente e sarcastico. Con lei ho la sensazione di poter parlare di argomenti che non affronterei con molti altri. È disponibile e mi ascolta senza giudicarmi quando ho bisogno di confidarmi nei momenti difficili o di stress. È una benedizione avere un'amica che mi capisce così intimamente. Non riesco davvero a immaginare la mia vita senza di lei. Mi conosce, mi vede, mi sostiene, mi apprezza e mi ama incondizionatamente. Come altro descriveresti un'anima gemella?

SII PAZIENTE CON
UN CUORE INFRANTO.

Quando perdi qualcuno che ami è difficile separarsi dalle emozioni e dai ricordi. La guarigione è un processo che non avviene da un giorno all'altro. Una relazione è qualcosa che riguarda solo le due persone che l'hanno vissuta, nessun altro potrà capire veramente cosa significava per te, e nessun altro può sapere con certezza quand'è il momento di voltare pagina e lasciarsela alle spalle.

Se conservare e rispettare i propri ricordi è importante, lo è ancora di più capire che è necessario uscire e crearne di nuovi. Continua a vivere! Concentrarci troppo sul passato rischia di tenerci bloccati lì. A volte mi capita di vedere amici talmente presi dal dolore per la fine di una storia da dimenticarsi di uscire e di creare nuovi ricordi. Cerca di non aggrapparti a cose che ti legano a ciò che non c'è più. Attenzione, non sto dicendo che devi passare ore a ripulire il tuo profilo Instagram! Ma non riempire la tua vita di ricordi e foto. Questi legami con il passato non faranno altro che bloccarti.

DALLE CATTIVE RELAZIONI
SI PUÒ IMPARARE
QUANTO DALLE BUONE.

Sono grata per tutte le relazioni della mia vita, sia quelle buone sia quelle cattive, perché tutte hanno contribuito alla mia crescita. A volte i rapporti problematici finiscono per insegnarti più di quelli dove fila tutto liscio, per quanto difficile possa essere la lezione.

Alle medie avevo fatto amicizia con una ragazza. Era nuova in città, così l'avevo presa sotto la mia ala e presentata ai miei amici più cari. All'inizio sembrava molto dolce, ma non ci aveva messo tanto a mostrare la sua vera natura, seminando zizzania senza un motivo preciso. Ne fui devastata! Da quella volta sono stata molto più prudente nel far entrare qualcuno nella mia cerchia più intima e, se ho un problema con un amico, affronto subito la questione in modo aperto e diretto. È un'esperienza che mi ha fatto apprezzare ancora di più le mie vere amicizie.

NON DUBITARE MAI
DELLA TUA CAPACITÀ
DI AMARE GLI ALTRI
E DI RICEVERE AMORE.

Capita a tutti di avere delle insicurezze. Molte persone hanno dei momenti in cui non si sentono degne di amore. Credimi, ci sono passata anch'io. Quando mi sento davvero insicura e giù di morale tendo a isolarmi, ad allontanarmi dalle persone che amo di più per non trascinarle a fondo con me. Le mie insicurezze mi circondano come un muro. Poi penso alla mia famiglia e ai miei amici più cari, a quanto siano straordinari, e mi chiedo che cosa abbia fatto per meritarli. E sai cosa ho imparato? Che è proprio in quei momenti di insicurezza e sconforto che ho più bisogno di loro.

FIDATI DEI TUOI AMICI
QUANDO TI DICONO
COSA VEDONO IN TE,
E FAI LO STESSO CON LORO.

Quando mi accorgo di essere troppo critica con me stessa confido nei miei amici, nella mia famiglia e nel loro amore per me. Se mi sostengono e mi amano vuol dire che vedono in me qualcosa che io in quel momento non riesco a vedere. Devo fidarmi di loro.

Non hai bisogno di un sacco di gente nella tua vita, bastano poche persone importanti che ti ricordino quanto vali, persone che ti diano serenità quando non riesci a trovarla con le tue forze.

NON CREDO NELL'AMORE
A PRIMA VISTA.
CREDO NELL'AMORE
BASATO SULLA FIDUCIA
E SULL'AMICIZIA.

L'amore a prima vista è un concetto emozionante: dolce, innocente e puro. Ma l'amore, per me, è qualcosa che si costruisce attraverso la fiducia e la complicità. È un viaggio che si fa assieme a un'altra persona. Non si parte dal traguardo. Per me, l'amore è sapere che qualcuno sarà al mio fianco negli alti e bassi della vita. È qualcosa che si costruisce col tempo; magari comincia proprio con quella prima infatuazione ed evolve in un'amicizia, nel conoscersi l'un l'altro. È questo che porterà all'amore.

NON CONFONDERE
L'INFATUAZIONE
CON L'AMORE.

Credo nell'infatuazione a prima vista perché l'infatuazione è qualcosa di potente! Può offuscare il tuo giudizio e portarti a fidarti di qualcuno più di quanto dovresti. Personalmente ho un debole per il buon senso dell'umorismo, per i ragazzi che si dedicano con entusiasmo alle loro passioni, e rispetto chi mette tutto se stesso nel proprio lavoro, qualsiasi cosa faccia. Ma, per quanto queste qualità attirino subito la mia attenzione, ho dovuto imparare la differenza tra amore e infatuazione.

Ho imparato a tenere a bada l'attrazione iniziale e, prima di buttarmi, a conoscere davvero chi mi piace. È facile incontrare qualcuno e abbandonarsi subito alla fantasia di starci assieme.

Oggi quando mi piace un ragazzo, cerco di fantasticare meno di una volta e di rimanere saldamente ancorata alla realtà. Non vado a sbirciare sui suoi profili social per scoprire qualcosa in più su di lui. Ho imparato a controllarmi e a lasciare che le cose vadano come devono andare. Potrebbero volerci alcuni tentativi, ma tu puoi fare lo stesso. Cerco anche di paragonare l'amore per la mia famiglia e i miei amici ai sentimenti che provo per lui, per ricordarmi che uscire con qualcuno non è per forza l'esperienza intensa che potrebbe sembrare.

SE CERCHI
IL LATO NEGATIVO
LO TROVERAI DI SICURO.
CERCA IL LATO POSITIVO
E LASCIATI STUPIRE.

Su questo sto ancora lavorando, perché nella vita mi è capitato spesso di avere a che fare con persone e situazioni che mi hanno deluso. Ero arrivata al punto di costruire un muro per proteggermi. Ma quando si innalzano muri non entra più niente, né il male, né il bene. Credo sia importante concedere alle persone il beneficio del dubbio, dar loro la possibilità di mostrarti chi sono veramente. Questo non significa confidarsi subito con una nuova conoscenza e rivelare tutti i tuoi segreti più intimi e oscuri, ma accettare l'idea che qualcun altro possa capirti. Io sarò sempre un po' cauta e prudente, ma voglio essere capace di aprirmi a nuove persone e nuove amicizie, e lasciarmi sorprendere da queste e da prospettive interessanti.

CERCO DI TENERE
LA PAROLA *ODIO*
FUORI DAL MIO
VOCABOLARIO.

Detesto la parola *odio*. Un tempo la usavo spesso nei miei periodi più bui; stavo male con me stessa e trattavo male gli altri.

Per fortuna ho capito che dubitare di me stessa e crogiolarmi in quello stato non mi faceva bene. E in effetti ho iniziato a stare meglio quando mi sono detta di non usare più la parola *odio*. Quello che diciamo agli altri, e ancor di più a noi stessi, ha un impatto sul nostro stato emotivo e sulla nostra energia. Adesso cerco di usare parole e atteggiamenti più lievi perché voglio circondarmi di luce, amore e positività. Credo che ognuno di noi sia ciò che condivide con il mondo.

Negli ultimi anni ho imparato a trasformare i miei pensieri negativi in affermazioni positive, o almeno a riformularli. Se mentre mi guardo allo specchio mi accorgo che sto per concentrarmi su un difetto, sostituisco quel pensiero con un altro più neutro o più positivo. Oppure, se devo andare a un'audizione, a un evento o persino a una lezione in palestra a cui non desidero partecipare, mi ripeto il motivo per cui avevo deciso di andarci. Confido che la Jenna che aveva accettato sapeva cosa stava facendo e mi butto nell'impresa con maggior fiducia.

ANCHE LE CONVINZIONI
PIÙ RADICATE
POSSONO CAMBIARE
NEL TEMPO.

La vita è in continua evoluzione e la tua visione del mondo cambierà con l'età. Dovresti accettare questo processo invece di combatterlo. La gente cambia ed è normale che la tua visione di certe cose cambierà con te. Tutti dovremmo continuare a informarci, imparare cose nuove, parlare con nuove persone. Dovremmo accettare l'idea che il giorno in cui smettiamo di imparare smettiamo anche di crescere. E io non voglio smettere mai di crescere, imparare e migliorarmi. Le nostre prospettive si basano sui nostri ricordi, sulle idee e sulle conversazioni che condividiamo con gli altri. È importante avere una mente aperta e sapere che c'è ancora tanto da sperimentare e imparare nel mondo.

ABBI FEDE

NON IMPORTA
COME CHIAMI
CIÒ IN CUI CREDI,
COME PREGHI O PRATICHI,
LA FEDE CI UNISCE TUTTI.

La fede ha un significato diverso per ciascuno di noi, ma ci mette tutti in contatto con il mondo e l'universo che ci circondano. Spesso le parole *fede* e *religione* vengono usate in modo intercambiabile, ma non significano necessariamente la stessa cosa. Puoi essere una persona di fede anche se non segui una pratica spirituale o se non aderisci a uno specifico gruppo religioso. Avere fede vuol dire credere in qualcosa, che sia in Dio, nella bontà dell'universo, o in noi stessi. È una solida base da cui ripartire quando le cose si fanno difficili.

LA FEDE MI HA DATO
QUALCOSA IN CUI CREDERE
QUANDO NON CREDEVO
IN ME STESSA.

Quello che ho imparato alla messa della domenica ispira tutte le mie azioni. La fede mi porta a credere in me stessa ogni volta che ho dei dubbi o mi sento insicura. Quando prego mi torna in mente la forza della mia famiglia, il suo amore, il suo sostegno e il credo che condividiamo. La fede mi ha aiutato a crescere ed è una fonte di incoraggiamento e di ispirazione su cui faccio affidamento da tutta la vita. Quando mi sento giù o sono frustrata, magari per non aver ottenuto un ruolo, per aver sbagliato una battuta durante le riprese o per aver litigato con un amico, prego per ricongiungermi a Dio e ricordare a me stessa che c'è un piano più grande all'opera. La preghiera fa parte della mia vita da sempre e mi rassicura quando sono in difficoltà. La mia ispirazione è al massimo quando sono in sintonia con la mia fede, che resta alla base dell'amore e della fiducia che nutro per me stessa.

LA PREGHIERA È UN MANTRA
E UN MODO PER RITROVARE
IL TUO CENTRO,
INDIPENDENTEMENTE
DA QUELLO IN CUI CREDI.

Resto in contatto con la fede grazie alla preghiera. Il bello della preghiera è che posso pregare ovunque mi trovi, ogni volta che ho un momento libero. Più prego, meno ho la sensazione che l'universo sia contro di me. Non è necessario essere religiosi o credere in una pratica spirituale piuttosto che in un'altra. La preghiera è un modo per rallentare il ritmo e restare in silenzio con i propri pensieri. Ti permette di entrare in contatto con te stesso e con le tue emozioni, di esaminare quello che ti preoccupa, ti stressa o ti entusiasma, e ti offre un modo per esprimere gratitudine per la tua famiglia, i tuoi amici, e per tutto ciò a cui tieni nella vita.

ACCOGLI GLI ALTRI
A BRACCIA APERTE.

Gli insegnamenti della mia fede ispirano ogni giorno quello che sono, soprattutto nel modo in cui tratto gli altri. "Ama il prossimo tuo come te stesso" è un concetto fondamentale che cerco di applicare nella vita quotidiana. Di questi tempi il mio paese è diviso, i pregiudizi di genere, razza, religione e orientamento sessuale creano lacerazioni e fratture. La mia fede e la mia religione mi hanno insegnato l'accettazione e non discriminerò mai nessuno perché ha un credo, una condizione sociale o uno stile di vita diversi dai miei. La fede mi ha aiutato ad avere una mentalità aperta, ad accettare gli altri e a trattarli con rispetto anche se hanno fatto scelte diverse dalle mie.

Quando dico «Ama il prossimo tuo come te stesso» intendo «Basa i tuoi pensieri e le tue azioni sull'amore». Si tratta di non mancare di rispetto a nessuno per il suo modo di vivere. Personalmente cerco di valorizzare ogni nuovo contatto che stabilisco, di apprezzare la persona che incontro e l'opportunità di imparare da nuove prospettive. La mia fede mi incoraggia a istruirmi e ad ascoltare persone con diversi background religiosi e punti di vista.

AGGRAPPATI ALLA TUA FEDE,
SOPRATTUTTO QUANDO
LA VITA TI TRAVOLGE.

La parte complicata della fede è che devi metterla al primo posto. Ci sono momenti in cui mi allontano dalla luce di Dio, dimenticando di rivolgermi a Lui. Questo accade sempre in periodi di stress legati al lavoro, quando la mia insicurezza mi sfianca. Nel tempo mi sono resa conto che trascurare la fede mi fa sentire ancora peggio, più incerta e isolata. Quando la metto in cima alle mie priorità, invece, tutto il resto va a posto.

Durante le riprese della terza stagione di *Harley in mezzo,* i miei ritmi di lavoro erano molto più intensi del solito. Non pregavo più, mi sentivo sconnessa dal mondo intorno a me e la mia ansia stava peggiorando. Un giorno mi fermai a parlare con mia madre e scoppiai a piangere. Le dissi che non mi sentivo più me stessa e lei mi fece restare ferma per dieci minuti a respirare con calma, senza far nulla. Alla fine mi chiese come avessi speso quei dieci minuti di silenzio e io le risposi che avevo pensato a tutte le cose che avrei dovuto fare. Mi chiese: «Perché non hai pregato?».

Quelle parole mi scossero, mi fecero capire che stavo lasciando che il terreno si sgretolasse sotto ai miei piedi.

Da quel momento mi sono imposta di pregare tutte le sere, e di aggrapparmi a ciò in cui credo nei momenti di stress. Le difficoltà sono inevitabili, è la vita. Ma non dimenticherò mai più di rivolgermi alla mia fede.

LA FEDE PUÒ ESSERE
UNA LUCE CHE TI AIUTA
AD ATTRAVERSARE
I PERIODI PIÙ BUI.

So cosa significa la pressione di dover essere perfetti. E cosa significa sentirsi insicuri e timorosi prima di dire o fare qualsiasi cosa.

C'è stato un periodo della mia vita in cui mi isolavo e non facevo nulla per reagire. Non me la sentivo di pregare perché avevo l'impressione che i miei problemi fossero insignificanti paragonati a tutto quello che succedeva nel mondo. Vivevo a Los Angeles, lontana dalla mia famiglia, e non avevo tempo di andare in chiesa. Non sapevo di chi fidarmi. Ero talmente divorata dai dubbi che avevo iniziato a mettere in discussione anche la mia fede.

Durante una pausa di cui avevo veramente bisogno tornai a trovare la mia famiglia. Andammo tutti insieme a messa. Il prete condivise storie della Bibbia che conoscevo da una vita ma che, nel contesto del periodo che stavo vivendo, assunsero per me un nuovo significato. Per la prima volta dopo tanto tempo mi sentii a casa. Riuscii persino a prendere quel senso di conforto e fiducia, di identità e appartenenza, e a portarlo con me nella frenetica vita di Los Angeles.

ABBRACCIA LA TUA FEDE,
DICHIARALA A VOCE ALTA
E NON AVER PAURA
DI ISPIRARE GLI ALTRI.

Quando andavo alle medie ho fatto amicizia con una ragazza che stava attraversando un periodo difficile. Soffriva molto perché i suoi genitori continuavano a litigare, a separarsi e a rimettersi insieme, e aveva bisogno di essere consolata. Così, oltre a offrirle ascolto e comprensione, le ho parlato della forza e del conforto che trovavo nella mia fede.

Condividere quello che significa la fede nel profondo può farti sentire vulnerabile, ma io sono felice di averlo fatto. La mia amica era aperta al dialogo e il modo in cui le ho parlato sembrava darle speranza. Voleva saperne di più su Dio e sui benefici che traevo dalla mia pratica religiosa. Un paio di volte l'ho anche portata a messa con la mia famiglia e lei si è sentita parte della comunità. Quando ne ha avuto bisogno è nella fede che ha trovato sostegno e contatto umano.

DIO HA UN PIANO
PER CIASCUNO DI NOI.
FIDATI DEL SUO TEMPISMO.

Facendo l'attrice mi capita spesso di competere con delle colleghe e non ottenere una parte può essere devastante. Ricordo di aver avuto l'opportunità di partecipare a una commedia d'azione, un film più maturo di quelli in cui avevo recitato fino ad allora, che aveva come protagonisti due giovani attori famosissimi. Era anche diretto da un regista con cui volevo lavorare. Quando sono stata chiamata a fare un provino insieme all'attore principale per vedere se c'era la chimica giusta, tutto è sembrato andare alla perfezione.

Ma mi hanno scartato.

Oh, come ho pianto quando ho ricevuto la notizia! E mia madre ha pianto con me. Mi sono presa un momento per elaborare la delusione, ma se non era destino, non era destino. Sapevo che, quando fossi stata pronta, avrei avuto modo di recitare in ruoli più adulti e più seri. E non c'è voluto molto tempo perché succedesse. Ad altri forse le cose possono accadere più velocemente, ma dipende tutto dai tempi di Dio. Adesso non piango più quando perdo una parte. Se qualcosa non va come vorrei, mi rassicuro pensando che fa tutto parte del piano di Dio e che il ruolo giusto arriverà al momento giusto.

CREDO
NELLA PROFONDITÀ
DELLA MIA FEDE.

È bello poter credere in qualcosa anche quando non si crede in se stessi. Se stai passando un brutto periodo, il mio consiglio è tenerti stretto ciò che ti dà speranza, che siano persone che ti sostengono, la tua religione o la tua capacità di lavorare bene. È importante tendere verso le cose che ti ispirano, ti connettono agli altri e ti ancorano alla realtà perché sono quelle che ti aiuteranno a rimetterti in piedi. Nella mia fede trovo supporto e speranza, grazie a essa ricordo chi sono e resto vicina alla comunità della mia chiesa e a quella dei credenti in generale.

LA VITA NON ANDRÀ
SEMPRE COME VUOI.
ACCETTALA
COSÌ COME VIENE.

Ho imparato che la vita è imprevedibile e che la cosa più salutare è lasciar andare ogni tentativo di controllo e confidare che tutto andrà come deve andare. Ogni volta che ho paura, o che mi lascio ossessionare dagli scenari più catastrofici, trovo nella mia fede un saldo punto d'ancoraggio. Grazie a essa riesco a lasciare andare quello che non posso controllare e, se so di aver fatto tutto il possibile, è nella fede che trovo conforto quando sono assalita dai dubbi. È un pensiero particolarmente rassicurante perché sento spesso il bisogno di controllare ogni cosa, dagli eventi in società alla mia carriera e, se qualcosa non va come voglio, vengo presa dall'ansia.

SIAMO TUTTI
SU QUESTO PIANETA
CON UNO SCOPO.

C'erano così tante strade che avrei potuto prendere, così tanti interessi che avrei potuto coltivare. Ma fin da piccola quello che mi ha attratto più di tutto è stata la recitazione: mi permetteva di condividere storie e creare personaggi attraverso i quali comunicare qualcosa agli spettatori e, chissà, forse persino ispirarli. Le storie, le risate e gli show a cui ho preso parte mi hanno permesso di diffondere amore e luce, tutte cose importanti per me. La recitazione mi ha offerto una piattaforma, un palco da cui usare la mia voce a fin di bene, per parlare di cause meritevoli, condividere consigli, incoraggiare i miei fan e motivarli. Se qualcosa non va come vorresti è perché non è quello il tuo obiettivo, non ancora. Prima o poi lo troverai. Basta avere fede.

QUANDO PREGHI
APRI IL TUO CUORE
E SII SINCERO.

Ogni volta che mi suggeriscono di pregare per ottenere qualcosa, cerco innanzitutto di capire onestamente quali sono i miei veri obiettivi. Ho visto tante persone affrontare la religione e la preghiera in modo superficiale, senza una vera partecipazione interiore. La preghiera è un modo per espandere la propria fede attraverso un dialogo e una comprensione profondi. Quando prego cerco di farlo in modo autentico e pieno di gratitudine, e di adottare una mentalità aperta nella mia ricerca di una guida.

Quando ero piccola mia madre incoraggiava me e i miei fratelli a pregare ogni sera. Divenne presto un'attività quasi meccanica: incominciai a pregare per ottenere cose poco importanti, come un paio di scarpe nuove o un buon voto a scuola, quasi fosse una lista dei desideri. Poi un giorno mia madre mi ricordò che non ero obbligata a chiedere nulla, potevo semplicemente avere una conversazione con Dio. Per il mese successivo mi prefissai di pregare ogni mattina e ogni sera, raccontando la mia giornata, i miei alti e bassi, e cercando di capire su cosa avevo più bisogno di consiglio. Alla fine di quel mese mi resi conto che non ero mai stata così vicina a Dio.

SII GRATO
PER LA TUA
FAMIGLIA

LA MIA FAMIGLIA
È LA PIETRA FONDANTE
DELLA MIA STORIA.

Spesso ci concentriamo su cose materiali e su problemi superficiali, ma alla fine quello che conta davvero nella vita è la famiglia, che sia quella di sangue o quella che ci scegliamo noi. La mia famiglia significa tutto per me. I miei genitori e i miei fratelli mi sono vicini come nessun altro: mi ascoltano, mi sostengono e mi ricordano chi sono e da dove vengo. Ho due sorelle maggiori, un fratello maggiore, un fratello e una sorella più piccoli: tra tutti, ne ho sentite davvero di tutti i colori. Insieme possiamo parlare di qualsiasi cosa, per esempio se è il momento giusto per mettersi alla prova nel lavoro, o come capire se un ragazzo fa sul serio oppure no. Purtroppo non posso stare con loro quanto vorrei perché spesso devo lavorare e riesco a tornare a casa solo di tanto in tanto. Ma anche se siamo lontani è un continuo scambio di messaggi e telefonate, e li chiamo su FaceTime per sapere come stanno. Rimanere in contatto è importante, ma nulla batte il piacere che provo nel tornare a casa per qualche giorno, per rilassarmi e passare un po' di tempo con tutti loro, giocando a calcio e andando a messa insieme.

FAMIGLIA

PUÒ ESSERE

TUTTO CIÒ CHE VUOI.

I parenti di sangue sono importanti ma lo è anche intrecciare dei legami con amici che possano starci vicino quando la nostra famiglia è lontana o difficile da raggiungere. Solo perché non sono legati a te da vincoli di parentela non vuol dire che contino meno. Essendo spesso lontana dai miei cari, a Los Angeles mi sono creata una famiglia che amo davvero e che sono certa sarà sempre nella mia vita. Ho conosciuto i miei migliori amici quando ho cominciato a lavorare in televisione: sono le persone a cui mi rivolgo quando ho bisogno di consigli sinceri, se ho problemi di cuore o se sono stressata per il lavoro, e a volte anche per questioni più importanti. Il mio stilista, Enrique Melendez, si prende cura di me come un fratello maggiore. Anche Isaak Presley, con cui ho recitato in *Harley in mezzo*, e suo padre Lou, sono come una famiglia. Per non parlare di Kayla Maisonet, una sorella se devo sfogarmi o sono in vena di piangermi addosso. Spesso abbiamo parlato di come le nostre carriere ci mettano sotto pressione. Queste persone sono sempre disponibili quando ho bisogno di piangere, ridere, scatenarmi o farmi abbracciare quando la mia famiglia mi sembra troppo lontana.

IMPARA AD ACCETTARE
L'AIUTO E I SACRIFICI
DELLA TUA FAMIGLIA.
LO FANNO SOLO
PER AMORE.

Ogni volta che ho dei dubbi sul mio lavoro penso ai sacrifici che la mia famiglia ha fatto per permettermi di seguire il mio sogno. Mia madre deve destreggiarsi tra la mia carriera, il suo lavoro e le esigenze della nostra famiglia. Ha fatto così tanto, ed è stata una tale fonte di forza per me e per tutti i miei fratelli che mi chiedo se sarò mai in grado di dimostrarle davvero la mia gratitudine. Se ai miei familiari le cose stanno bene così, allora tutto quello che posso fare è essere riconoscente per il loro sostegno disinteressato e fare del mio meglio. Può essere difficile imparare ad accettare l'aiuto e il sacrificio della propria famiglia e credere che agiscano per amor nostro. Io so che farei qualunque cosa per la mia famiglia ed è bello sapere che loro farebbero lo stesso.

NON C'È NULLA
DI PARAGONABILE
AL LEGAME TRA SORELLE.

Qualsiasi cosa succeda nella mia vita, so che le mie sorelle mi saranno vicine. Sono come delle migliori amiche già comprese nel pacchetto famiglia. Ci sosterremo a vicenda e resteremo vicine, anche se su certe cose non la pensiamo allo stesso modo. Alle mie sorelle posso dire tutto. Se ho bisogno di parlare di quello che mi succede, sfogarmi o anche solo spettegolare e chiacchierare di ragazzi, so che posso chiamare una di loro, mandarle un messaggio o sentirla su FaceTime. Sapete quante conversazioni abbiamo avuto per capire se valeva la pena dedicare il mio tempo a un ragazzo? *Un sacco*. Siamo diverse sotto molti aspetti, eppure ci sosteniamo a vicenda, qualsiasi cosa succeda. Sono felice che anche loro vengano da me per i loro problemi e cerco di essere una buona confidente, capace di ascoltare e dare consigli.

LE TRADIZIONI
CREANO RICORDI,
AMORE E CONTINUITÀ
CON IL PASSATO.

La cultura latinoamericana dà grande importanza alle tradizioni familiari, che rappresentano anche un modo per rendere onore ai parenti che non ci sono più. So che non sono il genere di cosa che fa per tutti ma noi ci teniamo, fanno parte della nostra storia e sono divertenti. So di poter contare sulle tradizioni che ricorrono durante tutto l'anno. Amo trascorrere le festività in famiglia, cucinando insieme, che si tratti dei *tamales* a Natale, di grandi riunioni di famiglia a Pasqua o delle feste di compleanno tra parenti. Le nostre tradizioni ci tengono con i piedi per terra. Ci ricordano che anche se affrontiamo difficoltà e cambiamenti, possiamo sempre far ritorno in famiglia e sentirne il calore.

FAMIGLIA SIGNIFICA
METTERE AL PRIMO POSTO
LA FELICITÀ
E IL BENESSERE
DI QUALCUN ALTRO.

A volte, quando penso a quanto amore e riconoscenza nutro per la mia famiglia, resto senza parole. In quei momenti tutto quell'amore mi travolge e so che farei qualsiasi cosa per loro. La felicità della mia famiglia è davvero importante per me e sono certa che i miei genitori provino la stessa cosa nei confronti di noi figli. So di essere davvero fortunata ad averli accanto.

Mettere la felicità della famiglia, e anche degli amici più stretti, davanti alla propria è qualcosa di nobile e altruista... ma fino a un certo punto. Può anche essere faticoso. Certo, sono felice che i miei amici e i miei fratelli sappiano di potermi venire a chiedere aiuto quando hanno dei problemi, ma a volte metto così tanta energia nell'essere disponibile per gli altri che trascuro me stessa. Sto imparando a selezionare meglio dove investire le mie energie. Per quanto ci tenga a essere presente per tutti, quando hanno bisogno di me, non è possibile né sano essere sempre emotivamente disponibili.

LE FAMIGLIE
NON SONO PERFETTE
MA SPESSO HANNO
UNA LORO BELLEZZA.
ANCHE SENZA VOLERLO.

Non sempre è facile andare d'accordo con la propria famiglia. Abbiamo tutti i nostri difetti. Ciascuno di noi deve vedersela con il proprio stress e le proprie insicurezze mentre cerca di arrivare alla fine della giornata o della settimana nel modo più dignitoso possibile. Ma, qualsiasi cosa accada, la mia famiglia mi starà sempre vicina. Il modo in cui ci amiamo in maniera incondizionata e ci sosteniamo l'un l'altro è davvero rassicurante. Alla fine non conta molto che tipo di famiglia hai, e di sicuro non deve per forza essere tradizionale o biologica per essere di valore.

TUTTE LE RELAZIONI
HANNO ALTI E BASSI,
ANCHE QUELLE FAMILIARI.

Nessuno è perfetto e a volte anche fratelli e sorelle possono non andare d'accordo, allontanarsi o prendere strade diverse. Può essere doloroso e frustrante ma dobbiamo sempre tener presente che i membri di una famiglia si amano e sono uniti da legami che non si possono spezzare. In questo momento mio fratello maggiore e io non andiamo molto d'accordo. Non lo vedo da quasi un anno, cosa che non era mai capitata prima. L'anno scorso abbiamo litigato proprio sull'importanza della famiglia. Le poche volte che si fa vivo non sembra molto interessato a parlare con me; più che altro sembra preso dai suoi progetti. Il tempo passa e noi continuiamo a perdere l'occasione di celebrare insieme tante tappe importanti delle nostre vite, eppure so senza ombra di dubbio che ci vogliamo ancora bene e che faremmo qualsiasi cosa l'uno per l'altra. A volte, per quanto possa essere doloroso, la cosa migliore è amare le nostre famiglie da lontano.

IL LUOGO DA CUI VIENI
È SOLO UN POSTO.
CASA È DOVE SI TROVA
LA TUA FAMIGLIA.

Per quanto ami il deserto da cui provengo, e per quanto la mia casa di famiglia abbia un valore sentimentale, è solo un luogo. Casa è dove c'è la mia famiglia, dove mi sento incondizionatamente accettata, amata e spronata a essere la versione migliore e più autentica di me stessa. Se sono sul set o se sto girando in una location, che sia la California, la Spagna o l'Asia, mi sento a casa non appena la mia famiglia viene a trovarmi. I miei genitori, i miei fratelli e la famiglia che mi sono scelta, persone che mi capiscono meglio di quanto io capisca me stessa, sono tutto ciò di cui ho bisogno per sentirmi a mio agio ovunque mi trovi. Casa è dove ci sono i tuoi cari, dove ti senti al sicuro e amato.

CHI DIVENTERAI
DIPENDE IN GRAN PARTE
DALLA TUA FAMIGLIA.

La famiglia sta alla base di ciò che siamo e influisce in moltissimi modi sulla nostra visione del mondo. La mia famiglia ha determinato i miei valori e le mie convinzioni. Voglio che siano orgogliosi di me, e questo influenza il mio comportamento e il modo in cui tratto gli altri. Detto ciò, ho visto amici con famiglie problematiche o con un'infanzia difficile alle spalle fare tesoro di quelle esperienze e usarle per diventare più forti, resistenti e compassionevoli. Più cresco e incontro gente diversa, più il mio mondo si amplia. Ho la sensazione che ogni nuovo incontro influenzi in qualche modo la mia vita e il mio carattere. Queste esperienze rafforzano le basi già solide che la mia famiglia ha instillato in me.

CERTI AMICI
VANNO E VENGONO.
LA FAMIGLIA
È PER SEMPRE.

Quale che sia la tua definizione di *famiglia*, che si tratti dei parenti più stretti, di una cerchia allargata o di amici che sono diventati famiglia, si tratta di persone su cui potrai sempre contare. Per quanti casini possa combinare, so che la mia famiglia mi rimarrebbe accanto anche se i conoscenti sparissero. È proprio quando la vita si fa burrascosa che capisci veramente quanto la famiglia sia importante. Sono le persone che piantano tutto in asso e si precipitano da te per aiutarti a raccogliere i pezzi quando ne hai più bisogno. Quando si parla di famiglia, ammetto di essere stata più fortunata di altri, e ringrazio Dio ogni giorno per averla nella mia vita.

CORRI DEI RISCHI

CORRERE RISCHI
È L'UNICO MODO
PER OTTENERE
GRANDI RISULTATI.

L'ignoto è il bello della vita. Non saprai mai di cosa sei capace finché non ci provi. Metterti in gioco può fare paura e farti sentire a disagio, ma è l'unico modo per spingersi verso nuove vette.

Gli attori devono essere in grado di piangere a comando ma, dopo aver lavorato tanti anni in una serie Disney, ero fuori allenamento. Quando ho iniziato a girare la seconda stagione di *You* sapevo che avrei dovuto piangere; non parlo solo di qualche lacrimuccia, ma una scena molto fisica e intensa. Ero così stressata che facevo fatica a entrare nel personaggio e a stare in contatto con le emozioni. Ero in imbarazzo, avevo paura di esagerare. E se i miei colleghi avessero trovato la mia recitazione troppo sopra le righe? Avevo troppa stima degli attori con cui lavoravo per non preoccuparmi del loro giudizio. Ma, quando finalmente mi sono lasciata andare e ho deciso di vivere il momento, è andato tutto benissimo. È la scena di cui sono più orgogliosa nell'intera serie.

I SUCCESSI
PIÙ IMPORTANTI
ARRIVANO QUANDO
TI METTI ALLA PROVA.

Con l'eccezione di una particina in una produzione scolastica di *Peter Pan*, non avevo nessuna esperienza teatrale quando ho fatto l'audizione per il Radio City Music Hall. Mi si era presentata l'occasione per un ruolo da protagonista nello spettacolo *New York Spectacular* con le Radio City Rockettes, e poco dopo mi sono ritrovata su un aereo in volo per New York. Mi piace ballare, ma non sono una ballerina professionista. Le altre partecipanti avevano esperienze a Broadway e sembravano molto più disinvolte nell'imparare le coreografie al momento. Io avrei voluto chiedere: «Ehi, ma non dovremmo riprendere tutto con una telecamera e ripetere ogni mossa venti volte?». Ero completamente fuori dalla mia comfort zone.

A quel punto ho capito che l'unica cosa da fare era buttarmi e dare il massimo senza stare a pensarci su troppo. Come se tutto questo non fosse già abbastanza stressante, i produttori faticavano a sentirmi. Sono una persona piuttosto pacata ma in teatro bisogna proiettare la voce fino ai posti in ultima fila. Mi hanno chiesto di mettermi in fondo all'enorme sala prove e di far arrivare la mia voce all'altro capo della stanza. Potevo lasciarmi prendere dall'ansia e dalle mie paure oppure potevo lasciarmi andare e osare! E così ho cantato a squarciagola, ho ballato come se non ci fosse un domani, ho proiettato la voce fino all'altro capo del Paese, perché questo era ciò che volevano da me.

Alla fine ho ottenuto la parte e mi sono trasferita a New York per tre mesi. È stata un'esperienza che non cambierei per niente al mondo, ma anche la cosa più lontana dalla mia comfort zone che abbia mai fatto.

PREFERISCO
TENTARE E FALLIRE
PIUTTOSTO CHE
NON OSARE NEPPURE.

Fallire non piace a nessuno, ma è così che si impara e si migliora. Mia madre mi ripete spesso che ho l'età giusta per fare errori: sono giovane, sto ancora imparando e nessuno pretende da me la perfezione (tranne la sottoscritta, forse). Questo è il momento della vita in cui accogliere gli sbagli e usarli come strumenti per fare di meglio. Essere umili e aperti può dare moltissimo, e io voglio diventare la persona e l'attrice migliore possibile.

Ho capito da poco quanto sia importante provare e fallire: ero in lizza per un ruolo in un film molto importante, avevo superato la prima audizione e mi avevano selezionato per il secondo turno di provini, ma mi sono fatta prendere dai dubbi. Mi chiedevo se non fosse un progetto troppo grande, quanto visibile sarebbe stato il ruolo, quanto sarebbe stato impegnativo per me e per la mia famiglia. Continuavo a rimuginare su *tutto* e lo stress era diventato insostenibile, così ho ringraziato e mi sono ritirata.

La parte è andata a una collega. È stato un grande passo per la sua carriera.

Quando ho visto il film sono rimasta colpita dalla sua interpretazione, ma non ho potuto fare a meno di chiedermi cosa avrei potuto fare al suo posto, come tutto ciò avrebbe potuto cambiare la mia vita, come sarebbe stata la versione di quel film al cinema in un universo alternativo. Così ho imparato che si deve rischiare e sperare per il meglio. È l'unica cosa da fare.

DEVI PROVARE
COSE DIVERSE
PER CAPIRE
COS'È MEGLIO PER TE.

Gli attori utilizzano varie tecniche per migliorare le loro interpretazioni. Questi metodi richiedono una vasta gamma di abilità. C'è la tecnica Meisner, secondo cui bisogna mettere da parte la razionalizzazione e affidarsi solo all'istinto. Poi c'è il metodo Strasberg (o *method acting*), che consiste nell'essere talmente immersi nella mente dei personaggi che ci si comporta come loro anche a telecamere spente, cercando di vivere nella loro pelle. Ho imparato molto osservando le persone di talento con cui lavoro. Penn Badgley è un attore incredibile e ho adorato recitare con lui in *You*. Quando non sta girando è rilassato e alla mano, e davanti alle telecamere le sue scelte e i suoi atteggiamenti sono impeccabili e naturali. Mi piace osservare gli altri e imparare da loro perché non si può mai sapere cosa può tornare utile.

Uno dei modi migliori per imparare è andare per tentativi, ma questo richiede tempo e pazienza. Quando ho visto colleghi usare tecniche che non conoscevo, spesso le ho provate anch'io. È un buon modo per spaziare e scoprire in quanti modi diversi posso ottenere un'interpretazione che mi soddisfi. Una volta, durante una scena, ho provato una tecnica per me nuova. Quando abbiamo smesso di girare il regista mi si è avvicinato e ha detto: «Jenna, non so cosa stai facendo, ma così non funziona!».

"Ah, fantastico!" Mi sono ripresa in fretta e ho lasciato perdere quella particolare tecnica a favore del mio metodo abituale.

NON AVER PAURA
DI SBAGLIARE.
GLI ERRORI FANNO PARTE
DEL PROCESSO CREATIVO.

Sperimentare cose nuove è uno dei modi migliori per imparare a conoscersi. Quando ti metti in gioco e provi cose diverse puoi capire ciò che ti piace e cosa invece non ti piace. Sperimentando puoi persino scoprire ciò che ti appassiona davvero.

A un'attrice è utile saper cantare. A me piaceva già da piccola (in quarta elementare ho perfino partecipato al talent show della scuola). Quando prendevo lezioni di canto, mi sono esercitata molto con le canzoni dei musical, perché sono perfette per rafforzare le corde vocali. È così che ho cominciato ad apprezzare i musical. Grazie a quelle lezioni sono riuscita ad amare la musica su una scala più ampia e a conoscere un ambito nella mia professione per me completamente nuovo.

Più cresco, più mi rendo conto che alla fine cantare non è quello che mi interessa veramente, ma sono convinta che si debbano provare più cose possibili e mettersi alla prova, lasciando spazio alla libertà e alla creatività.

A VOLTE

MENO È MEGLIO.

Durante le audizioni i produttori danno dei feedback su cui bisogna basarsi per correggere la propria performance. Se sono troppo coinvolta, o troppo fissata sul taglio che ho scelto per il personaggio, non riesco ad adeguarmi alle indicazioni che ricevo. La stessa cosa si applica ad altri aspetti della mia vita in cui tendo a rimuginare troppo o a volere tutto sotto controllo. Così, quando devo incontrare persone nuove, osare in un nuovo progetto o un rapporto di lavoro, o anche prepararmi per un ruolo, cerco sempre di ascoltare il mio istinto. La preparazione è importante, sì, ma concediti di essere te stesso.

PERDONARE È IMPORTANTE
MA NON PER QUESTO
DEVI DIMENTICARE.

Dopo un litigio con un amico o un partner non fa bene restare attaccati alla rabbia e all'energia negativa: meglio lasciar correre e cercare di recuperare il rapporto, oppure troncarlo lì e voltare pagina. Ma non dimenticare mai le lezioni che ti ha insegnato.

Quando un ragazzo con cui mi sentivo ha iniziato a essere troppo insistente, gli ho detto che non mi sentivo a mio agio. Ho messo in chiaro che eravamo solo amici, ma lui ha reso altrettanto chiaro che voleva di più. Ho cercato di spiegargli che non ero interessata a una relazione romantica, ma lui continuava con le avance. A quel punto ho deciso che dovevo troncare l'amicizia. Sapevo di aver capito chi era e di dovermi fidare del mio intuito.

GLI *HATER*

ESISTERANNO SEMPRE.

Un paio di anni fa, a una festa della Disney, a Los Angeles, incontrai un'attrice che conoscevo. Non so che cosa avesse contro di me, ma era aggressiva, cercava di provocarmi e di trovare un pretesto per litigare. Se dicevo qualcosa lei diceva il contrario. Più tardi è arrivata anche Skai Jackson, abbiamo chiacchierato un po' e poi lei è andata a salutare l'altra attrice. Ho notato che la ragazza sussurrava qualcosa all'orecchio di Skai guardando nella mia direzione: per il resto della serata Skai non mi ha più rivolto la parola. Mesi dopo ci siamo finalmente incontrate e abbiamo chiarito la situazione. Ci siamo rese conto che quella ragazza, che nessuna di noi due conosceva bene, stava cercando di sabotare la nostra amicizia. Da allora siamo buone amiche. Non è buffo che le stesse cattiverie infantili della scuola media possano accadere *anche* a Hollywood?

A volte non devi fare nulla per non piacere a qualcuno; qualsiasi cosa abbiano contro di te riguarda solo loro. Certa gente è insicura, e forse non tanto felice. Ti consiglio di includerli nelle tue preghiere, mandando loro amore e cercando di provare empatia per ciò che stanno attraversando.

NON C'È CRESCITA
SENZA SOFFERENZA.

Ho sempre avuto paura di correre dei rischi, eppure ho scelto una carriera in cui rischiare è necessario. Se non ti metti in gioco e non fai nuove esperienze non imparerai mai nulla e non crescerai mai. Io ho sempre imparato da ogni esperienza che ho fatto, positiva o negativa, che fosse una relazione difficile o una batosta nel lavoro.

Qualche anno fa un ragazzo con cui uscivo mi ha colto di sorpresa tradendo la mia fiducia. Per quanto al momento quell'esperienza sia stata dura (e credimi quando dico che ne sono stata molto ferita) sono grata di averla vissuta. Ho imparato quanto è importante fidarmi del mio istinto. Avevo percepito delle strane vibrazioni da parte sua, aveva fatto delle dichiarazioni sospette, tipo che gli piaceva «tenersi le porte aperte» in fatto di relazioni. Nonostante i miei dubbi, avevo abbassato la guardia e messo a tacere la vocina interiore che mi stava avvertendo che qualcosa non andava. È una lezione che non ho mai dimenticato.

ACCETTA
I TUOI ERRORI.

Sono sempre stata una perfezionista. Ricordo che in seconda elementare sbagliai una domanda in un compito di matematica e per la prima volta non ottenni il massimo dei voti. Passai gran parte della giornata a piangere. Mia madre dovette darmi una strigliata per ricordarmi che non tutto sarebbe stato sempre perfetto. È stata una lezione fondamentale che non ho mai dimenticato.

Naturalmente faccio ancora degli errori, ma ho imparato a gestirli con grazia. E soprattutto faccio del mio meglio per imparare da essi. All'inizio della mia carriera quando sbagliavo una battuta durante le riprese mi lasciavo prendere dal panico e andavo fuori di testa. Da allora, mi sono impegnata per imparare a gestire i miei errori con più calma. Mi chiedo: «Che lezione posso trarne?». In alcuni casi cambio il modo in cui recito la scena o pronuncio la battuta in modo diverso. A volte il risultato è migliore del primo tentativo.

SII PRONTO, SEMPRE.
PUÒ SUCCEDERE DI TUTTO.

Ho imparato molto sull'importanza della preparazione e ogni giorno mi impegno a fondo per essere pronta a fare del mio meglio. Quando provo una parte m'invento cinquanta modi diversi di dire le battute, in modo da avere a disposizione delle alternative tra cui poter scegliere al momento. Ho cominciato anche a fare esercizi vocali e di riscaldamento in modo che la mia bocca sia più pronta (sembrerà sciocco, ma parlare tutto il giorno può essere provante!). I piccoli errori che ho fatto finora mi hanno insegnato a prepararmi meglio e mi hanno aiutato a correre più rischi quando recito. Li sfrutto a mio vantaggio, così sarò più preparata e sicura di me anche in caso di sbagli.

CREDO NEL DARE UNA
SECONDA POSSIBILITÀ.
TUTTI MERITIAMO
L'OPPORTUNITÀ DI IMPARARE
DAI NOSTRI ERRORI.

Siamo in costante evoluzione e meritiamo la possibilità di migliorare. La Jenna che ero tre anni fa è molto diversa da quella che sono adesso, perché ogni giorno imparo di più su me stessa e sul mondo che mi circonda. Questo vale per tutti, a prescindere dall'età. Stiamo tutti imparando ed esplorando per capire chi siamo. Nessuno è perfetto. Facciamo tutti del nostro meglio. Quando non dai a qualcuno una seconda opportunità e serbi rancore non fai altro che aggrapparti alla rabbia, trattenendo quell'energia negativa nel tuo corpo. A me non piace sprecare tempo o energie su cose negative. Se un'amica commette un errore e impara la lezione, se è in grado di rivalutare la situazione e diventare una persona migliore, io ho molto rispetto per lei e sono pronta a voltare pagina e continuare la nostra amicizia. Non è il minimo che possiamo chiedere? Ogni volta che commetto un errore e imparo da esso, spero che l'altra persona mi dia la stessa possibilità.

SFIDA LO STATUS QUO.
PRENDI IL CONTROLLO
DELLA TUA STORIA.
LAVORO DURO
E DETERMINAZIONE
TRASFORMERANNO
IN REALTÀ
I TUOI PROGETTI.

Ho ottenuto il ruolo di Harley contro ogni pronostico: l'audizione era per un personaggio con i capelli biondi e gli occhi azzurri e al primo provino ero l'unica persona con la pelle scura. Ma, prima di scritturare qualcuno, Disney Channel ha deciso di sospendere i provini per modificare la sceneggiatura.

Poco dopo, la Disney ha invitato me e altri attori emergenti a un workshop per lavorare allo sviluppo di sceneggiature e recitare davanti ai dirigenti della compagnia. Quando ci hanno dato il copione di *Harley in mezzo* ho capito che poteva essere la mia occasione di ottenere la parte! Avevano perfino cambiato l'etnia del personaggio. Mi hanno abbinato a una ragazza che doveva leggere la parte di Harley, mentre a me era stato chiesto di interpretare il fratello. Ho pensato che, se avessi fatto un buon lavoro in quel ruolo, magari mi avrebbero preso in un'altra serie. Immaginate la mia sorpresa quando il casting è ricominciato e mi hanno chiesto di fare il provino proprio per Harley. Sono stati l'impegno e la scelta di dare il massimo in un ruolo diverso da quello che mi aspettavo, a darmi questa seconda opportunità. Anche se all'inizio c'era una barriera razziale, ho insistito e mi sono guadagnata quel posto, dimostrandomi all'altezza. La visione che hai di te stesso può diventare realtà, se ci metti dedizione e determinazione. Prendi le critiche, le porte che ti hanno sbattuto in faccia e la mancanza di incoraggiamento e usali come carburante.

METTITI
AL PRIMO POSTO

FERMATI UN ATTIMO
AD APPREZZARE
QUELLO CHE HAI.
VEDRAI COME
CAMBIERÀ TUTTO.

Nostra madre ci ha insegnato a non lamentarci. Qualche anno fa una cugina a cui volevo molto bene si è ammalata all'improvviso. È rimasta a lungo in ospedale e per un po' è stata in condizioni davvero critiche, ma per fortuna è sopravvissuta, cosa di cui siamo stati tutti molto grati. Una sera, dopo averle fatto visita in ospedale, mi sono guardata attorno mentre ero a cena con la mia famiglia. Tutti i miei parenti più stretti erano a tavola con me, in salute e felici. Io andavo a scuola, frequentavo i miei amici e potevo coltivare il mio sogno di fare l'attrice. Ho capito allora che dovevo imparare a cogliere momenti come quello per rendermi conto di quanto fossi fortunata e apprezzare tutto ciò che avevo. Da quando ho preso l'abitudine di farlo sono diventata una persona più stabile e felice.

NON RINUNCIARE MAI
ALLE COSE
CHE TI STIMOLANO
E TI ISPIRANO.

Quando mi sento giù o smarrita mi metto a scrivere sul mio diario. Da tempo scrivere è qualcosa che mi dà conforto e che mi permette di sfogare la mia creatività. Di recente ho ritrovato un libro che avevo assemblato con i miei vecchi temi di scuola, e ricordare quanto mi era piaciuto scriverli e poi metterli assieme mi ha reso orgogliosa. Quando sei giù di morale torna a qualcosa che ti riporta all'infanzia o alla famiglia. È come tornare in un posto che ti piaceva quand'eri piccolo o rivedere un vecchio amico. Fa riaffiorare ricordi importanti e ti ispira a crearne di nuovi.

Ora, ogni volta che sono triste, prendo un quaderno e comincio a scrivere tutto quello che mi viene in mente, che siano pensieri per motivarmi, pagine di diario, o storie di fantasia. Mi aiuta a sentirmi creativa e mi ricorda chi sono veramente.

QUANDO

TI PREOCCUPI TROPPO

DI COMPIACERE GLI ALTRI,

TI DIMENTICHI

DI PIACERE A TE STESSO.

Ho la tendenza a compiacere le persone e in passato ho spesso messo la felicità degli altri davanti alla mia. A dodici anni mi hanno preso per un servizio fotografico su una rivista, uno dei miei primi in assoluto. Ero molto emozionata ma, quando sono arrivata sul set e gli stylist mi hanno mostrato i vestiti e quello che avevano pianificato per il servizio, ho capito che non sarebbe stata l'esperienza che mi ero immaginata. Gli abiti non erano affatto nel mio stile e non mi sentivo a mio agio a indossarli. Erano estremamente femminili, con un sacco di rosa, motivi floreali, volant, pellicce e tacchi altissimi: non mi rappresentavano affatto.

Quando la rivista è uscita, qualche settimana dopo, ho pianto vedendo le foto. La mia famiglia era frustrata come me. I miei fratelli mi hanno detto: «Perché hai lasciato che ti dicessero cosa indossare?». È chiaro che avrei dovuto dire qualcosa al momento, ma avevo paura che quelli della rivista si arrabbiassero. Ma, chissà, magari avrebbero accettato di lavorare con me per creare qualcosa di cui anch'io sarei stata orgogliosa. Chi può dirlo? Cerca di porti nel modo giusto in ogni occasione e di sapere bene cosa ti va o non ti va di fare.

LAVORA SODO
E RIPOSA MOLTO.

Ho diciassette anni e a volte penso di poter gestire tutto da sola. Ma fatico a trovare il tempo per riposare e mia madre ha ragione quando mi ricorda di prendermi un po' di tempo per me. Negli ultimi mesi al lavoro ho tenuto dei ritmi davvero frenetici e mia madre si è accorta delle conseguenze negative che questo stava avendo su di me. Così, in uno dei miei giorni liberi, ha chiamato la mia migliore amica, Kayla, e ci ha organizzato una serata fuori, prima in palestra e poi al ristorante. Grazie alle endorfine dell'allenamento e alla compagnia di Kayla lo stress che mi portavo dietro da mesi è scomparso. Io non mi ero nemmeno accorta di essere *così* stressata, ma mia madre l'aveva capito.

Prenditi il tempo per riposare, è importante quanto la lista delle cose da fare. Spesso, quando ho un sacco di impegni, l'idea di non far niente mi fa sentire in colpa. C'è voluto un po', ma alla fine ho imparato che l'equilibrio tra lavoro e riposo è fondamentale.

CHIEDERE AIUTO
È UN SEGNO
DI VERA FORZA.

Molti di noi, invece di ammettere che qualcosa non va, cercano di essere forti e stoici. Quando stavo attraversando un periodo davvero difficile della mia vita mi ci è voluto un anno intero per ammettere che avevo bisogno di aiuto.

Per mesi mi ero sentita triste, ero ipercritica con me stessa e apatica nei confronti di cose che di solito mi entusiasmavano. Poi ho iniziato ad avere problemi ad alzarmi dal letto, pettinarmi e vestirmi... Mi sembrava che nulla avesse senso. È scoraggiante accorgersi di essere distaccato e indifferente a tutto. I miei genitori mi avevano consigliato di vedere una psicologa ma io avevo rifiutato perché mi sembrava solo di fare inutili tragedie. Mi rimproveravo di non essere più forte o più tosta.

Poi c'è stata una notte in cui ero a letto da sola e mi sono messa a piangere senza una vera ragione. Ho preso il mio diario per vedere cos'avevo scritto nell'ultimo anno e, rileggendo quelle pagine, mi sono accorta di quanto fossero tristi e strazianti. È in quel momento che ho capito la gravità della situazione.

Quando alla fine sono andata dalla psicologa e lei ha usato la parola *depressione*, è stato come un pugno nello stomaco. Come se in quel momento il mio problema fosse diventato una cosa reale. Ma ho anche provato un grande sollievo: non dovevo più rimproverarmi per essere troppo drammatica, perché avevo a che fare con una malattia mentale. Pensarci mi faceva paura ma poter dare un nome a quello che stavo passando mi faceva anche sentire più forte. Già dopo la prima seduta di terapia, nonostante il disagio che provavo nell'aprirmi, ero felice di aver fatto un passo avanti.

INSEGUI

LE PICCOLE COSE DELLA VITA.

TROVA IL TEMPO PER SCOPRIRE

LA BELLEZZA E LA SERENITÀ

CHE RACCHIUDONO.

È importante prendersi cura di sé dal punto di vista emotivo, fisico e mentale. Abbiamo solo questa vita e solo questo corpo. A me piace lavorare, quindi a volte faccio fatica a concedermi un po' di tempo per me stessa. Mi viene più facile dedicare le mie energie al lavoro, alla scuola e a un milione di impegni diversi. Ma sto cominciando ad apprezzare le piccole cose della vita. Ho l'impressione che siamo tutti sotto pressione per trasmettere sempre il tipo di immagine perfetta tipica dei social media, grazie ai quali sembra che tutti debbano per forza avere una vita impeccabile. A volte mi dimentico di ascoltare il mio corpo e di concedermi le cose di cui ho bisogno, ma mi sto sforzando di migliorare. Ieri pomeriggio avevo finito di lavorare quando mi sono accorta che il sole stava tramontando. Mi sono messa le scarpe e sono uscita. Ho raggiunto un posto del mio quartiere dove andavo con la mia migliore amica quand'ero piccola. Mi sono seduta per terra, ho messo un po' di musica e sono rimasta a guardare il tramonto. È stato perfetto.

Approfitta anche tu di queste occasioni, quando puoi. Trova la bellezza e la serenità nelle piccole cose di ogni giorno. Ci muoviamo tutti così in fretta che staccare la spina e ritagliarsi del tempo per sé, anche solo per fare qualche posizione di yoga, scrivere una pagina di diario, ascoltare musica o fare una passeggiata, può essere davvero salutare e aiutarci a ritrovare l'equilibrio. È così che ti ricongiungi con te stesso e con il mondo che ti circonda.

SII SPONTANEO.
NON AVER PAURA
DI LASCIARTI ANDARE,
DI RIDERE
E FARE IL PAGLIACCIO.

Le serate migliori sono quasi sempre quelle improvvisate. Io tendo a pianificare sempre tutto e sono iperorganizzata con i miei impegni, quindi vedere dove mi porta una serata è uno dei miei modi preferiti di passare il tempo. È in quei momenti che riesco a spegnere il cervello e accettare le cose come vengono. Mi piace quando i miei amici mi chiamano dicendo: «Passo a prenderti tra dieci minuti». Usciamo e giriamo in macchina finché non abbiamo deciso cosa fare: andare al ristorante, giocare a minigolf o fare qualcosa fuori dagli schemi, come visitare una escape room o una casa stregata per Halloween. Mi aiuta a vivere nel presente e a non prendere la vita troppo sul serio. I miei amici tirano fuori la Jenna sciocca e sguaiata che c'è in me e mi aiutano a uscire dalla mia testa. Alcuni dei miei ricordi preferiti sono di quando andavamo in compagnia in un parco della città a correre, urlare, ridere e giocare a rincorrersi. Credo che sia molto utile fare un po' di spazio nel cervello per essere sciocchi, fare i pagliacci, rilassarsi e ricaricarsi.

PUOI GUADAGNARE
PIÙ SOLDI,
MA NON PUOI
GUADAGNARE PIÙ TEMPO.

Di recente mi era stato offerto un ruolo in un film per cui ero elettrizzata. Era estate, stavo terminando delle riprese in Spagna e non vedevo l'ora di tornare a casa per stare con la mia famiglia, che non vedevo da tre mesi. Se avessi accettato questo nuovo incarico, però, avrei dovuto passare direttamente al nuovo set, senza rivederli. Ero molto grata per quell'opportunità, ma sapevo anche che avevo bisogno di ricongiungermi con la mia famiglia e i miei amici. Erano loro la mia priorità. E così ho rifiutato il ruolo. Per quanto ami il mio lavoro e per quanto metta tutta me stessa in ogni cosa che faccio, al primo posto metto sempre Dio, poi la famiglia, gli amici e la scuola.

Per i giovani attori è normale lavorare sempre e dire di sì a qualunque offerta arrivi, ma così facendo tendono a dimenticare che ci sono cose più importanti del lavoro nella vita. Quello dell'attore è un mestiere duro perché è incostante, discontinuo e con poche certezze. È difficile fermarsi quando si è abituati a correre, ma bisogna imparare a rallentare. E se accetti una proposta di lavoro, devi farlo per un motivo; è l'unico modo per tenere alto lo standard della tua carriera. Io scelgo solo i progetti che parlano veramente a me, ai miei valori e ai miei obiettivi. Ti incoraggio a pensare al motivo per cui stai facendo le cose che fai e a chiederti: «Ne vale la pena?». Perché alla fine la tua salute mentale e il tuo benessere sono la cosa più importante.

PER SENTIRE LE NECESSITÀ
DEL TUO CORPO,
PRIMA DI TUTTO
DEVI FARE SILENZIO.

Una volta credevo che riposare fosse una perdita di tempo, volevo solo lavorare. Ho imparato a ripetermi che il riposo è fondamentale per la mia produttività. Per lavorare al meglio e rimanere in salute devo prendermi del tempo per ricaricarmi. Scrivo sullo smartphone un programma della giornata che comprenda anche del tempo per rilassarmi a letto, o magari ascoltare un po' di musica e stare seduta sul prato. Prendermi questo tempo per non fare niente è davvero importante, ma mi ci è voluto un po' per dargli il giusto peso.

Quando non riposi non sei al tuo cento per cento. Se lavori così tanto da sacrificare il tempo libero e la salute, dovresti chiederti se stai facendo la cosa migliore: che senso ha sfinirti di lavoro, se poi il risultato non ti soddisfa? Se vuoi essere produttivo, capace e di successo, non puoi farti venire l'esaurimento.

FIDATI DEL TUO INTUITO
E NON AVER PAURA
DI DIRE NO.

Col tempo sono diventata più selettiva nella scelta dei progetti. Voglio costruirmi un certo curriculum e, se questo significa rifiutare dei ruoli, allora non esito a farlo, perché voglio continuare ad avere passione per il mio lavoro. Quando si tratta di firmare nuovi progetti, come un grande film che potrebbe rendermi più famosa, non dico subito di sì; se devo investire tanto tempo ed energie dev'essere qualcosa di cui mi sentirò orgogliosa per il resto della mia vita. Essere selettivi è un bene.

IL SEGRETO PER EVITARE
STRESS INUTILE È
FARSI GLI AFFARI PROPRI.

Il mondo è pieno di problemi e, a meno che non si tratti di un palese caso di ingiustizia, di bullismo o di odio, spesso è meglio tenersene fuori. Tu sai bene che tipo di persona sei e quali sono i tuoi obiettivi, quindi non farti coinvolgere in questi drammi. Ci ho messo molto tempo a capirlo, ma alla fine ho imparato che per me nessuna opinione conta più di quella della mia famiglia. Quando si tratta di drammi o di pettegolezzi sui social, non combattere mai l'energia negativa con altra energia negativa: non otterrai nulla. Non sottovalutare il valore di restare in silenzio. Se sprechi le tue energie per ribattere alle critiche non farai altro che abbassarti al livello di chi ti attacca. È meglio lasciar correre.

Se hai grandi progetti e grandi sogni non vale la pena investire energie in drammi meschini, meglio concentrarsi sulle cose che ti rendono felice, sui tuoi obiettivi e sulle tue priorità. E quando non puoi evitare le cose negative, mostra al mondo che sai gestirle con grazia e dignità.

NON PUOI CONTROLLARE
OGNI SITUAZIONE,
MA PUOI CONTROLLARE
LA TUA REAZIONE.

Solo tu sei responsabile di come reagisci alle situazioni difficili. Una volta ho avuto dei problemi con una ragazza che metteva in giro false voci sul mio conto perché pensava che avessi una storia con il suo ex. Anche lei è attrice a Hollywood: di successo, piuttosto potente, con esperienza alle spalle. Non l'avevo mai incontrata, eppure ce l'aveva con me. Ha raccontato bugie ad amici comuni e conoscenze del settore, danneggiando la mia immagine e le mie possibilità di fare amicizia.

Alla fine mi sono confidata con Enrique, mia madre e alcuni amici, e tutti mi hanno detto la stessa cosa: non potevo permettere a quella ragazza di influenzare la mia vita. È stato come se mi avessero tolto un peso dal cuore. Non potevo controllare questa persona o impedirle di parlare male di me, ma potevo scegliere come comportarmi. Anche se avevamo molti amici in comune, tra me e questa ragazza non c'era nessun rapporto da salvare. Ho sopportato la situazione perché non volevo sprecare il mio tempo e le mie energie creando ancora più drammi. E alla fine abbiamo entrambe voltato pagina.

Se affronti le circostanze difficili con una mentalità negativa, finisci per perdere il controllo e sentirti una vittima. Ma se reagisci con determinazione e positività puoi cercare di risolvere la situazione. E, se questo è impossibile, puoi almeno lasciare andare quello che non sei in grado di controllare e andare avanti. Non puoi impedire alla gente di spargere in giro negatività, ma *puoi* controllare l'energia che gli dedichi e quanto impatta la tua vita.

È IMPOSSIBILE
ESSERE TUTTO PER TUTTI.
PUOI ESSERE
SOLO TE STESSO.

Al giorno d'oggi gli adolescenti sono spesso sotto pressione. Si chiede loro di dare il massimo a scuola, di coltivare i loro interessi, di essere sempre i migliori e di guardare al futuro con sicurezza. Avendo accesso a tante informazioni, a tante possibili carriere, e con il peso dei social media e degli influencer, c'è il rischio di sentirsi sopraffatti.

Abbiamo la fortuna di vivere in una cultura che incoraggia e apprezza l'individualità e gli interessi personali, ma a volte tutta questa pressione fa sì che "essere se stessi" diventi un vero e proprio lavoro.

Una volta faticavo a gestire la scuola, il lavoro di attrice e il mio desiderio di ottenere buoni risultati in entrambi i campi. Inoltre mi preoccupavo della mia immagine, dell'esempio che davo e dell'effetto che avevo sui giovani fan che mi seguivano sui social. Ero tesa e stressata per le recensioni, le audizioni, i giudizi dei miei colleghi, e avevo paura di non essere all'altezza dei grandi obiettivi che mi ero posta per la mia carriera a Hollywood.

È stato solo quando ho cominciato ad ascoltare la mia voce interiore e a dar retta al mio istinto che ho iniziato a capire chi ero e a essere fedele a me stessa.

Da quel momento tutto il resto si è sistemato da solo. Quando sono me stessa so perfettamente cosa voglio dire, fare o indossare. Se ascolto la mia bussola interiore non mi capita più di prendere la direzione sbagliata.

FAI QUELLO CHE
TI SEMBRA GIUSTO
E IGNORA
LE PRESSIONI ESTERNE.

Le persone che ammiro di più sono quelle che rompono gli schemi e ascoltano il loro cuore, nonostante sentano la pressione di fare le cose in un certo modo o di seguire il gregge. La gente è così preoccupata di adattarsi alla norma che prende decisioni sbagliate solo per essere accettata o perde la propria individualità, uniformandosi a tutti gli altri. Negli ultimi anni mi sono sforzata di credere in me stessa e di ascoltare il mio istinto. Oggi i ragazzi sono spinti a conformarsi, a indossare, ascoltare, pensare e amare tutti le stesse cose. Io dico segui il tuo cuore, fai quello che ti fa stare bene, quello che è giusto per te, e ignora tutto il resto. Vestiti come vuoi, ascolta la musica che ti piace, indipendentemente dai gusti degli altri, e prendi lezioni di pianoforte se quello che hai sempre desiderato è far scorrere le dita su quella tastiera.

È IL TUO CORPO.
SEI TU A DECIDERE
COSA VUOI FARCI.

Il sesso significa qualcosa di diverso per ciascuno di noi quindi non preoccuparti delle convinzioni, dei valori o delle idee di qualcun altro. Solo perché gli altri lo fanno non significa che devi provarci anche tu; in fondo sono affari tuoi e di nessun altro: sarà lì ad aspettarti quando te la sentirai.

Lascia che te lo dica: se qualcosa ti sembra giusto, fidati! Non devi spiegare a nessuno – nemmeno a qualcuno che ami – perché non vuoi fare quello che desiderano. Quando parli di quello che ti va o non ti va di fare, dillo in modo chiaro e diretto. Nel sesso siete coinvolti in due, quindi dovete parlarvi sinceramente, faccia a faccia. Se non siete in sintonia e l'altra persona vuole fare qualcosa per cui non ti senti ancora pronto, forse le vostre strade si separano qui. E va bene così.

SEGUI
LE TUE AMBIZIONI

L'IMMAGINAZIONE
È IL TUO SUPERPOTERE.

La tua immaginazione è tutto. Celebra l'unicità delle tue storie e delle tue idee e non aver paura di condividerle con il mondo: non si sa mai cosa potrebbe succedere. Quando aveva circa otto anni, Marcus, il mio fratello minore, ha dovuto preparare una presentazione scolastica su un'attività che amava. Poteva scegliere tra scrivere un saggio, fare un PowerPoint o disegnare un diagramma. Marcus voleva che il suo progetto fosse diverso da quello dei suoi compagni di classe, ma non sapeva come; alla fine ha deciso di scrivere una canzone sul campeggio usando come base la musica di un pezzo di Bruno Mars. Si è esercitato un sacco. A casa è la persona più divertente della famiglia, ma a scuola era sempre tranquillo e taciturno. Quel compito lo ha spinto a mettersi in gioco. Alla fine ha preso il massimo dei voti e l'insegnante ha detto che la sua era la migliore presentazione che avesse visto da anni. Quell'esperienza gli ha dato fiducia in sé per andare avanti ed è qualcosa che ricordo a me stessa ogni volta che esito a condividere la mia creatività con il mondo.

NON PERMETTERE
A NESSUNO
DI SCORAGGIARTI
DAL SEGUIRE I TUOI SOGNI.

Crescendo, sono stata vittima di bullismo perché avevo il grande sogno di sfondare come attrice. Molte persone, per invidia o perché dubitavano che potessi farcela, mi prendevano in giro. Dicevano che ero presuntuosa o piena di arie e criticavano il mio aspetto. Ero un po' indietro con la crescita, quindi i ragazzini mi chiamavano "tavoletta" per il seno piatto. Dicevano che non ero abbastanza sexy per apparire in tv o in un film.

Naturalmente queste cose mi ferivano ma, nonostante tutte le cattiverie, dovevo rimanere fedele a me stessa. Sapevo quello che stavo facendo, sapevo che stavo lavorando a Hollywood e cominciavo ad avere una certa fama. Non sentivo il bisogno di sbatterlo in faccia agli altri. Mi sono rimboccata le maniche e ho lavorato sodo. Ho continuato a impegnarmi a scuola, a fare provini e a dedicare tutta me stessa alla realizzazione del mio sogno. Sapevo che non avrei potuto cambiare l'opinione degli altri, quindi ho incanalato le energie nei miei obiettivi e alla fine ho dimostrato che quelle persone si sbagliavano. Quel che contava era la soddisfazione di sapere che mi ero impegnata in qualcosa e l'avevo portata a termine.

PIÙ HAI SUCCESSO
PIÙ PERSONE LUNGO LA STRADA
CERCHERANNO DI BUTTARTI GIÙ.
STENDILE CON LA GENTILEZZA
E CONTINUA LA TUA ASCESA.

Ci saranno sempre persone negative e invidiose del tuo successo. Ogni volta che sei vittima di bullismo, pensa a quanto dev'essere infelice quella gente. Le persone arrabbiate non possono essere felici, e io prego perché trovino la loro felicità e imparino ad amare se stesse. I troll online, quelli che spargono cattiveria e negatività, sanno che non vedrai mai la loro faccia: nascondersi dietro uno schermo li incoraggia. E spesso sono solo in cerca di attenzione per compensare le loro insicurezze. Concentrati su quello che conta nella *tua* vita e, quando le cose ti vanno male, limitati a prenderne atto e ad andare avanti.

NON RIMUGINARE
TROPPO SULLE COSE.

Prendere decisioni per me è una lotta quotidiana. Rimugino troppo su cose grandi e piccole, perfino quando si tratta di postare una foto su Instagram. Ma sto imparando a fidarmi di più del mio istinto.

Dopo la fine di *Harley in mezzo* dovevo fare un provino per il ruolo da protagonista in una nuova serie Netflix e i miei agenti mi hanno chiesto: «È un progetto che ti interessa? È questa la direzione che vedi per la tua carriera?». La serie era una commedia sopra le righe, sullo stile di *Harley*. Io volevo provare qualcosa di diverso e, quando ho ascoltato il mio istinto, il progetto non sembrava giusto per me. Mia madre non riusciva a capacitarsi che avessi rifiutato un ottimo lavoro come protagonista di uno show. Ma quando lo spettacolo è uscito, ho capito di aver preso la decisione giusta: non faceva per me e non era la direzione che volevo dare alla mia carriera. Nei mesi successivi, però, non mi ha chiamato nessuno e mi sono sentita molto in colpa. Mi sono perfino chiesta se avrei dovuto continuare a recitare. Poi è arrivata l'opportunità di *You* ed è stato il ruolo perfetto per spingermi esattamente nella direzione che desideravo. Se non avessi ascoltato il mio istinto, rifiutando l'altro show, non sarei stata in grado di fare *You*.

USA LE CRITICHE
PER DIVENTARE
UNA PERSONA MIGLIORE,
PIÙ FORTE E PIÙ CAPACE,
NON COME UNA SCUSA
PER MOLLARE.

Un tempo non riuscivo proprio ad accettare le critiche, specie se riguardavano il mio lavoro. Invece di prenderle semplicemente come un'opinione personale le vivevo come un'offesa. Questo atteggiamento era una delle cause per le quali non stavo migliorando come attrice.

Mi sono sforzata di accettare le critiche con uno spirito diverso, cercando di imparare e crescere ogni giorno. Mio padre mi ripete spesso che non c'è nulla di male a commettere errori, basta riconoscerli per quello che sono, prendersi la responsabilità e usarli per migliorare. Nessuno è mai troppo vecchio per imparare, e le critiche ci offrono un aiuto e una direzione a cui puntare per migliorare, anche quando non ci piace sentirle. Senza critiche rischi di fossilizzarti e smettere di crescere. Tutti ne abbiamo bisogno per diventare persone migliori. Credere di non poter sbagliare significa avviarsi verso il fallimento. La responsabilità è tua.

LIBERATI

DEL TUO EGO.

Chi ha un ego enorme crea nella propria testa un'immagine illusoria di se stesso. Ci sono miliardi di persone sulla Terra, la vita si rinnova da milioni di anni. Sì, sei una persona unica e speciale, ma non sei meglio degli altri. La tua vita e il tuo successo sono una combinazione di duro lavoro, tempismo e fortuna.

Quando ti liberi del tuo ego, quando sei umile e la tua mente è aperta, sei in una posizione ottima per migliorare, imparare, crescere, assorbire ciò che accade intorno a te. Quando siamo egocentrici e pensiamo di sapere già tutto freniamo la nostra crescita. Al contrario, l'umiltà ci espone a nuove idee, ci permette di imparare di più e ci consente di lavorare per diventare la versione migliore di noi stessi.

Leggere il copione per un provino davanti alla mia famiglia è un'esperienza che ridimensiona sempre il mio ego. Quando sono candidata a un ruolo importante i miei genitori mi fanno sempre leggere la parte con tutta la famiglia, così possono darmi le loro opinioni. Recitare davanti a loro mi rende sempre nervosa perché nessun altro è altrettanto onesto con me. Mi conoscono bene e mi valutano dalla prospettiva dei fan e degli spettatori, non degli addetti ai lavori. Di solito le loro critiche fanno centro e, per quanto imbarazzante possa essere espormi tanto davanti alla mia famiglia, devo ammettere che spesso riesco a ottenere la parte che ho preparato con il loro aiuto.

VIVI OGNI GIORNO
CON IL CUORE
PIENO DI GRATITUDINE.

Sono super grata di avere opportunità che ad altre persone non sono state date. Non do mai nulla per scontato. Mi è capitato di nascere a due ore da Los Angeles ed è capitato che mia madre avesse, tra i follower di Facebook, una persona che ha finito per essere il direttore del casting che mi ha aiutato a entrare nel mondo del lavoro. Non scorderò mai che questa è fortuna. Molti ragazzi non abitano nel posto giusto, non hanno le stesse occasioni, non ricevono lo stesso sostegno per inseguire i loro sogni. Le persone che si lasciano prendere dal loro ego, si montano la testa e si dimenticano da dove vengono, allontanandosi dalle loro radici, danno per scontata la fortuna che incrociano. Io cerco di rimanere con i piedi per terra e non dimentico mai di ringraziare per l'opportunità di fare ogni giorno ciò che amo.

LA CREATIVITÀ
È LA LUCE CHE TI AIUTA
AD ATTRAVERSARE
I PERIODI BUI.

Quando mi sento giù sono particolarmente ispirata a scrivere o a lavorare. In una fase della mia vita in cui ero sempre depressa e *molto* triste volevo solo starmene in quel buco nero che mi ero scavata da sola. Credevo che non sarei mai stata abbastanza brava, che la mia vita non sarebbe mai stata perfetta. Mi mettevo addosso una pressione tremenda e non riuscivo a sopportare l'idea di fallire. Temevo di diventare una delusione per la mia famiglia. Ho vissuto con quella paura per mesi e mesi. Trovo che la depressione sia qualcosa che ci si porta dietro per il resto della vita: in qualche modo bisogna imparare a conviverci.

A volte mi capita di ascoltare cose o di avere pensieri che mi riportano a quel periodo; quando capita mi costringo ad alzarmi e a fare qualcosa, tipo iniziare a scrivere una sceneggiatura o lavorare su qualche progetto. Non voglio trovarmi di nuovo in quella situazione, e queste attività aiutano. Quando la tristezza mi blocca sto malissimo. Ecco perché sono più creativa quando mi sento giù: perché la creatività mi dà la motivazione per andare avanti.

APPREZZA IL PUNTO
IN CUI SEI
E GODITI IL VIAGGIO
MENTRE PROSEGUI
VERSO LA TUA META.

Io penso *di continuo* al futuro. Tendo a paragonarmi agli altri e a volte faccio fatica a riconoscere il mio successo e le mete che ho conquistato lavorando duramente, specie se qualcun altro viaggia a gonfie vele sulla sua rotta. Quando vedo un'altra giovane attrice lanciata alla grande da un film importante o da una serie televisiva di successo, non posso fare a meno di pensare a quanto tempo mi ci è voluto per recitare in un progetto paragonabile o a come mi piacerebbe ottenere una parte altrettanto prestigiosa.

Se sei un attore, confrontarti con gli altri o entrare in competizione sembra una parte integrante della carriera. Io seguo sempre quello che fanno le mie colleghe, considerato anche che sono una ragazza di colore. Non ci sono molti ruoli scritti appositamente per un'attrice come me, così devo guadagnarmi delle parti che non sono necessariamente destinate a me. Può scoraggiarmi o motivarmi, a seconda della giornata, ma rimane parte del mio lavoro.

Dopo tanti anni di carriera penso spesso agli obiettivi che non ho ancora raggiunto. Tendo a vedere il mio lavoro come una gara con me stessa. Non sempre mi prendo il tempo per fare un passo indietro e riflettere su quanta strada ho percorso finora e quanto sono cresciuta. Nell'ultimo anno mi sono sforzata di vivere nel presente. Adesso più che mai sto cercando di apprezzare veramente i miei successi e di considerare ogni passo verso gli obiettivi che sogno di realizzare come parte di un viaggio bellissimo e pieno di crescita.

LA VITA È TROPPO BREVE
PER ASPETTARE
CHE LE OPPORTUNITÀ
TI CADANO ADDOSSO.
A VOLTE TOCCA A TE
APRIRE LE PORTE.

Una volta sono stata davvero distrutta nel sapere che non avevo ottenuto la parte in un altro film importante. Avevo partecipato a diversi provini, mettendo tutta me stessa in quel ruolo. Avevo superato più selezioni e quando mi hanno comunicato la notizia ho pensato: “Ecco, un’altra porta sbattuta in faccia!”.

La mia famiglia mi ha consolato dicendo che in futuro mi sarebbero stati offerti molti altri ruoli. Ma io continuavo a pensare a come avrei potuto trasformare in opportunità quello che non potevo che vivere come un fallimento. Avevo sempre voluto provare a scrivere, produrre e dirigere un film, e quello mi sembrava il momento giusto per iniziare. Invece di aspettare che mi chiamassero per nuove audizioni ho preso l’iniziativa e mi sono buttata a capofitto nel processo creativo, scrivendo e sviluppando un progetto tutto mio.

Al momento ho una ventina di sceneggiature incomplete salvate su *Final Draft*. È bello avere uno sbocco dove riversare le mie idee ogni volta che mi prende l’ispirazione, e apprezzo che sia qualcosa a cui posso lavorare ovunque e in qualunque momento. Lavorare ai miei progetti mi dà un’iniezione di speranza. Se ci fai caso noterai che alcune delle più strabilianti storie di ascesa al successo riguardano creatori indipendenti nati dal nulla, persone che si sono messe in gioco con progetti che li hanno catapultati alla ribalta. Fa' lo stesso. Non aspettare che qualcun altro ti dia il permesso.

STA A TE CREARE
IL TUO FUTURO,
QUINDI SOGNA
IN GRANDE.

I grandi sogni ti aiutano a scoprire chi sei e ti aprono un mondo di possibilità. Inseguire questi sogni, impegnarsi per realizzarli, significa avviarsi verso una vita felice in cui vedrai i tuoi obiettivi diventare realtà. Io sono un esempio di quanto si può ottenere sognando in grande. Molte ragazze vogliono fare l'attrice, ma non tutte ci riescono. La mia carriera è il risultato di aver sognato in grande.

Quando, da piccola, immaginavo cosa avrei fatto da adulta, il mio sogno era diventare astronauta. Poi ho sognato di essere il primo presidente donna degli Stati Uniti, e infine di diventare attrice. Recitare era una meta raggiungibile, qualcosa che potevo incominciare a realizzare da subito. Una volta annunciate le mie intenzioni, il mio lato testardo ha preso il sopravvento e da quel momento è cominciato il vero lavoro. I miei genitori hanno sempre creduto in me e mi hanno sostenuta, ma, secondo l'opinione comune, questo era un sogno piuttosto inverosimile per una bambina di otto anni della Coachella Valley. Ho preso l'incredulità di tanti come un'opportunità per dimostrare alla gente che si stava sbagliando, cosa che amo fare. Ho iniziato a imparare più che potevo sull'argomento, a guardare un sacco di film, a esercitarmi davanti allo specchio, a esibirmi per amici e parenti e a pregare. Era un tentativo azzardato, ma il sostegno dei miei genitori e un bel po' di fortuna l'hanno reso possibile. Il punto è questo: non c'è alcuno svantaggio a sognare in grande e, se ti neghi questi sogni, la tua vita sarà più povera.

LE METEORE
PASSANO IN FRETTA.

Nell'industria dello spettacolo alcuni attori lavorano duramente per anni prima di raggiungere il successo, altri esplodono sulla scena subito. Molti vogliono un successo immediato e innegabile, ma l'importante non è arrivare prima degli altri, è crescere come attori e costruirsi una carriera di cui essere orgogliosi. E poi ricordati che le meteore passano in fretta.

Faccio questo lavoro da un po' di anni e, quando noto che una collega uscita dal nulla ottiene la parte che desideravo, penso ad attrici come Nicole Kidman o Viola Davis, che hanno lavorato a lungo prima di ottenere il meritato riconoscimento.

La vita si misura sulla lunga distanza. Sii paziente e non smettere mai di muoverti in direzione del tuo obiettivo.

Ogni tanto qualcuno o qualcosa mi fa capire di aver fatto il grande salto. L'altro giorno io e mio padre stavamo passeggiando in un centro commerciale e ho sentito un ragazzo dire ai suoi amici: «Ehi, quella è Jenna Ortega!». È incredibile che la gente conosca il mio nome. Per la maggior parte del tempo vivo nel mio mondo e ho la sensazione che non sia cambiato nulla da quando ero una ragazzina. Questi momenti mi fanno uscire dalla mia bolla e mi ricordano che sto facendo qualcosa di pubblico, che tocca le persone su grande scala. È incoraggiante sapere che là fuori c'è chi sostiene me e la mia carriera, e non potrei esserne più riconoscente.

SE NON AMMIRI NESSUNO,
A COSA PUOI ISPIRARTI?

Avere un modello, una figura di riferimento – o anche più di una – è un ottimo modo per essere sempre ispirati a diventare la versione migliore di se stessi. Vedere i miei modelli correre rischi e avere successo mi ha incoraggiato a pensare in grande. Ma i modelli a cui ispirarsi non sono solo gente famosa, possono anche essere delle persone che ammiri e rispetti per il loro carattere e la loro etica professionale.

Gina Rodriguez è uno dei miei modelli più importanti. L'ho conosciuta quando avevo undici anni e interpretavo la versione più giovane del suo personaggio in *Jane the Virgin*. Gina si è presa del tempo per stare con me sul set e conoscermi meglio. Mi ha dato consigli incoraggianti, esortandomi a rimanere fedele a me stessa, a essere sempre preparata e a non scoraggiarmi mai. E ha concluso: «Sono così orgogliosa di te. Stiamo facendo questo viaggio insieme». Ogni volta che la vedo mi dà sempre ottimi consigli.

Vedere una giovane attrice latina di successo ha significato molto per me. Crescendo, le attrici latine famose si potevano contare sulle dita di due mani. Il fatto che in televisione non ci fossero persone che mi assomigliavano o con cui potevo identificarmi era scoraggiante. Quando ti ispiri a qualcuno sei spinto a chiederti come trasformare la tua passione in qualcosa di significativo. È fondamentale guardare a qualcuno con ammirazione, apprezzando il bene che fa e traendone ispirazione per fare qualcosa di importante nella vita.

AMA TE STESSO

SI VIVE UNA VOLTA SOLA.
OSA ED ESPRIMI IL TUO
IO PIÙ AUTENTICO,
NON NASCONDERTI DIETRO
A CIÒ CHE CREDI
VOGLIANO GLI ALTRI.

Se avverti la pressione di doverti conformare a un determinato modello, ricorda che questo è il momento giusto per metterti in gioco e provare cose nuove. Divertiti! Non conformarti! Non c'è nulla di male nel correre dei rischi quando si tratta di estetica o di stile, è un ottimo modo per esprimere se stessi. Essere diversi da chiunque altro è bellissimo. Fidati del tuo gusto. Per esempio, quando sono a casa e non lavoro amo stare comoda: indosso magliette larghe, pantaloni della tuta e le mie felpe col cappuccio preferite. Per me non c'è niente di meglio della comodità.

Quando devo vestirmi elegante per lavoro o per andare a una première mi piace indossare cose molto diverse da quelle che porto abitualmente. Per le occasioni più formali scelgo capi poco convenzionali che mi spingano fuori dalla mia comfort zone. Le mie icone di stile sono persone che amano osare e portano la moda a un altro livello, come Zendaya, Billy Porter e Lady Gaga. Le loro scelte raccontano delle storie. In più io sono un maschiaccio; gli abiti troppo femminili, tutti fiocchi e toni di rosa, non fanno per me. Adoro lo stile rocker e azzardato di Gwen Stefani, e come lei anch'io ho un debole per i look minimali e strutturati.

INDOSSA QUEL CHE TI PARE,
MA FALLO CON DISINVOLTURA.

Uno dei rischi maggiori corsi in fatto di moda, che poi si è rivelato un successo, è stato alla première di *Spider-Man: Homecoming*, nel 2017. La sera prima Enrique e io avevamo valutato vari outfit e nessuno mi convinceva davvero. Enrique mi aveva mostrato uno spezzato che mi sembrava interessante ma un po' troppo semplice: pantaloni neri aderenti abbinati a un top bianco monospalla e dei sandali con grossi tacchi borchiati. In teoria mi piaceva, ma non ero sicura che fosse il look giusto per la prima di un film Marvel. Sapevo che doveva esserci qualcosa di più giovane e divertente. Poi il mio geniale stylist ha pensato di chiedere a un suo amico artista di scrivere sul top la parola *SHOOK* in stile fumetto con lo spray. Era un salto nel vuoto, non avevamo idea di come sarebbe venuto.

Quando ho visto il top finito l'ho subito adorato, ma ne sono stata intimidita; temevo di scomparire dietro all'outfit o di dare troppo nell'occhio alla première di un film di cui non facevo neppure parte. Ma Enrique mi ha convinto a correre il rischio. Avevo paura che fosse troppo in tema con la serata o troppo esagerato, ma alla fine indossarlo è stato un vero piacere!

TIENI IL CORPO IN MOVIMENTO.

Devi prenderti cura del tuo corpo. Sperimenta e scopri cosa funziona meglio per te: giocare all'aperto, fare esercizio fisico e mantenere una sana relazione con i tuoi cari sono tutti modi per attivare il corpo e l'autostima. Quando ho troppi impegni, tendo a trascurare l'esercizio fisico, con il risultato che poi mi sento un disastro. Quando invece faccio regolarmente moto – anche solo un po' di ginnastica in camera mia o una corsetta veloce nel quartiere – sto subito meglio, sono più calma, più sicura. È il bello delle endorfine.

La parte più difficile è iniziare, ma se ci riesci dopo ti sentirai bene e sarai fiero di te. A volte basta anche solo mettersi le scarpe da ginnastica; dopo averle allacciate puoi anche perdere tempo o procrastinare, ma è probabile che prima o poi uscirai comunque a fare qualcosa. Sfrutta quello slancio!

LA COSA PIÙ BELLA
CHE UNA RAGAZZA
PUÒ INDOSSARE
È LA SICUREZZA
IN SE STESSA.

Ho lottato a lungo con la poca fiducia in me stessa. Per anni sono stata una persona molto insicura. Guardavo le ragazze sui social media ed ero invidiosa della loro bellezza. Più studiavo le loro foto, più notavo un fattore comune: ognuna sembrava sicura di sé.

Mostra sicurezza e la gente ti troverà attraente. Cosa più importante, ti sentirai così anche tu.

La verità è che fino a quando non sarai a tuo agio nella tua pelle, non sarai in grado di lasciare un segno come individuo. Mi sono resa conto che guardare le foto perfette degli influencer e delle icone di stile riusciva solo a rendermi ancora più fragile. Così ho iniziato a passare meno tempo sui social media per dedicarmi di più a me stessa. E, quando sono soddisfatta di quello che faccio sono in grado di incoraggiare gli altri senza esserne invidiosa.

PIÙ TEMPO PASSIAMO
SUI SOCIAL MEDIA,
PIÙ PERMETTIAMO
CHE LA NOSTRA
AUTOSTIMA
SI SGRETOLI.

Viviamo in una cultura in cui se non hai un look favoloso o eccitante vieni guardato dall'alto in basso e giudicato. Questi standard impossibili vengono incoraggiati con commenti orribili del tipo: «Che bomba!» «Che *swag*!» (mentre scrivevo queste parole ho sentito la mia anima abbandonare il corpo). Le persone si abituano ai commenti, a ricevere subito feedback positivi, e rimangono male se non ottengono la stessa approvazione ogni volta. Con il risultato che si impegnano ancora di più e passano sempre più tempo sui social per capire cos'è in e cos'è out.

Smaniamo per avere l'approvazione degli altri e stalkeriamo i profili di chi ha la vita che vorremmo vivere anche noi. Ci diciamo: se solo potessimo assomigliare a loro, se solo fossimo simpatici come loro, se solo avessimo una vita incredibile come la loro.

Io cerco di non dare molto peso a quello che accade sui social. Non mi preoccupo di quanti like o commenti riceve un mio post: finché creo contenuti di cui non devo vergognarmi, coerenti con i miei valori, mi sento a posto.

L'opinione più importante è quella della mia famiglia e dei miei amici più intimi, anche se sono felice di avere un'estesa comunità di follower che mi incoraggia. Sono grata per il sostegno di ciascuno di voi e tutto ciò che posso fare è portare amore e luce, essere fedele a me stessa e fare ciò che mi rende felice.

VAI BENE
COSÌ COME SEI.

C'è un'enorme pressione a "essere se stessi" – come quei profili Instagram che scelgono il filtro giusto per far sembrare naturali le loro foto. Ci si aspetta che chi "è se stesso" non esca mai senza un po' di trucco. Non sia mai che qualcuno si accorga che hai un brufolo. In realtà non hai bisogno del trucco né del filtro. Non sei perfetto e non lo è neppure la tua vita, perché la perfezione non esiste. Ma ciò che sei e ciò che fai è già *abbastanza*.

NON CERCARE DI ESSERE
QUALCUN ALTRO
QUANDO PUOI ESSERE
LA VERSIONE MIGLIORE
DI TE STESSO.

Quando ho iniziato a usare i social media avevo undici o dodici anni; probabilmente ero più giovane di quanto avrei dovuto, ma partecipare alle conversazioni online mi sembrava importante per il mio lavoro. Ho iniziato a seguire tutte queste persone che mi erano state consigliate o di cui seguivano i profili anche i miei amici: influencer, esperti di bellezza, qualche comico, varie personalità della rete.

Quando ho visto i loro post, il numero dei loro follower, il loro aspetto curato alla perfezione, sono rimasta senza parole. Non soffrivo ancora di insicurezza ma ero facilmente influenzabile, così ho cominciato a pensare che forse avrei dovuto provare a vestirmi come loro, cercare di avere un aspetto simile, fare lo stesso tipo di battute.

Ma non funzionava. Stavo costruendo un personaggio e un'immagine che non si adattavano alla mia personalità. A volte ripetevo battute che avevo sentito su Instagram o su YouTube per vedere cosa ne pensava la mia famiglia e loro si guardavano l'un l'altro ammutoliti, come a dire: «Ma che cos'ha?».

Con il tempo ho imparato che potevo ammirare il talento e l'aspetto di altri e perfino trarne ispirazione, ma questo doveva integrarsi con la mia identità invece che sostituirla. In poche parole, esplora quello che ti piace, continua a provare cose nuove, scopri quello ami, ma non reprimere mai quello che sai essere vero.

AMARE SE STESSI
È UN VIAGGIO.

Non succede da un giorno all'altro, abbiamo tutti delle insicurezze. Da piccola ero un pagliaccio: mi mettevo in mostra, ero sempre in cerca di attenzione, facevo la stupida e mi piaceva un sacco. Ma attorno ai tredici anni, di me stessa non mi piaceva più nulla. Ho iniziato a mettere in discussione il modo in cui mi vestivo e mi comportavo. Dubitavo di tutto, tanto che per un po' ho perso di vista chi ero veramente. Ora sto tornando a conoscermi e a volermi bene. Cerco di imparare ogni giorno qualcosa di nuovo su di me; alcune cose mi piacciono ma ce ne sono delle altre su cui voglio lavorare. Non sono sempre sicura, e non sono affatto perfetta. Ma anche in questo viaggio di crescita e miglioramento posso trovare amore per me stessa.

Volersi bene significa venire a patti con le proprie insicurezze e i cosiddetti difetti, imparando ad accettarli e celebrarli.

LA VITA PUÒ ESSERE DIFFICILE
ANCHE QUANDO SI HANNO
TUTTE LE FORTUNE.
È OKAY NON SENTIRSI OKAY.

La prima volta che ho incontrato la mia terapista e ho parlato di come mi sentivo, ero in imbarazzo. Era come se non meritassi di potermi lamentare o di sentirmi triste. Ci sono persone la cui vita è molto più dura della mia, quindi che diritto avevo io di essere depressa? Facevo molta fatica ad aprirmi perché non volevo darle l'impressione di essere un'ingrata, una che sta sempre a lamentarsi. Ero così preoccupata della sua opinione che quasi preferivo sentirmi male piuttosto che rischiare di venire giudicata. Ma mi sbagliavo. Abbiamo tutti diritto alle nostre emozioni.

Accettiamo di avere anche qualche giornata storta. Sii paziente con te stesso, ma non scordare di cercare aiuto. Mi ci è voluto molto per ammettere come mi sentivo davanti alla mia psicologa ma, con il senno di poi, sono grata di averlo fatto. Il viaggio verso la felicità, verso la guarigione o verso la serenità può essere lungo, ma non può cominciare finché non chiedi aiuto e non ti metti al lavoro.

LE ETICHETTE

SONO DEI LIMITI.

Per tutta la vita mi hanno affibbiato delle etichette, o perché ero una ragazza a cui interessavano sport diversi dai tradizionali o la politica o, più avanti, perché ero una giovane attrice che non aveva paura di prendere apertamente posizione su temi di giustizia sociale.

Quand'ero piccola volevo essere il primo presidente donna; la gente mi diceva «scordatelo!» perché «le ragazze non possono fare il presidente». Ho creduto a quelle etichette per molto tempo perché mi sono state propinate per anni e sono diventate parte di me. Solo crescendo ho capito che non devo lasciare che le etichette mi impediscano di provare nuove esperienze, superare i miei limiti o conoscere persone nuove.

La pressione di rientrare in una certa categoria può inibire la tua creatività. Ma sei tu a controllare la tua vita e a decidere chi frequentare, come vuoi apparire e quali passioni vuoi perseguire. Ora che ho lasciato perdere le etichette mi piace pensare che nessuno di noi abbia limiti.

SMETTILA DI
PARAGONARTI
AGLI ALTRI.
NON POTRANNO MAI
ESSERE TE.

A volte siamo troppo severi con noi stessi. Se hai problemi di bassa autostima, il confronto con gli altri può diventare dannoso e la convinzione di non essere all'altezza può portarti a isolarti. È importante parlarne apertamente perché è un problema che vivono in molti, persino persone che dall'esterno sembrano assolutamente perfette. E magari – chi può dirlo? – qualcuno in questo momento si sta paragonando a te, chiedendosi se è alla *tua* altezza.

QUELLO CHE CONTA DAVVERO
È CIÒ CHE CONDIVIDI
CON IL MONDO:
L'ENERGIA, LA PERSONALITÀ,
LA GENTILEZZA.

Non sopporto il materialismo. Quando ho iniziato a lavorare e a passare più tempo a Los Angeles, uno dei primi oggetti firmati che ho comprato è stato uno zainetto di lusso. La verità è che non mi interessava affatto. L'ho comprato solo perché mi sono sentita obbligata a farlo. Un'amica con cui uscivo mi ha incoraggiata a comprarlo, dicendomi che avrei partecipato a eventi importanti e che dovevo essere carina e avere un aspetto curato. Poi ci si è messa anche mia madre. «Non ti togli mai un capriccio!» ha detto. E così l'ho comprato. Che stupidaggine! Quante volte hai incontrato qualcuno e hai pensato: "Oh, wow, si veste proprio bene. Scommetto che è una persona fantastica!". *Mai.* Le persone migliori che incontrerai nella vita sono quelle con cui entri in sintonia e che ti sembrano sincere e leali, e questo non ha nulla a che vedere con la borsa che hanno a tracolla, le scarpe che indossano o i vestiti appesi nel loro armadio. Comprati e indossa solo quello che ti rende felice.

SOLO TU SAI
COS'È MEGLIO
PER TE.

Mettiamo che stai uscendo con qualcuno che ti piace molto e, siccome sei una persona ansiosa, non sai bene come rispondere a un suo messaggio. Quindi fai quello che facciamo in molti, ovvero chiedi consiglio a cinque amici diversi; prima ancora di rendertene conto, stai scrivendo una risposta di gruppo e ogni parola ed emoji diventa una decisione collettiva.

Questa è l'occasione perfetta per prendere decisioni autonome. Fidati di te e rispondi con quello che ti viene in mente. Se il tipo o la tipa prosegue la conversazione e dimostra di apprezzare il tuo senso dell'umorismo allora probabilmente si tratta di un legame autentico! In caso contrario, forse non era destino. Ma non lo saprai mai se a messaggiare con loro è il tuo migliore amico.

Devi avere fiducia in te stesso. Te lo dice chi ha passato molti anni a subordinare il proprio istinto alle idee, le opinioni e l'ideologia degli altri. Ho avuto bisogno di tempo per imparare che solo io so cosa è meglio per me.

CREDI
NEL TUO POTERE

A ME IMPORTA.
DOVREBBE IMPORTARE
ANCHE A TE.

Nel giugno 2018 ho partecipato ai *Radio Disney Music Awards* indossando uno degli abiti più controversi della mia vita. Dovevo presentare una parte della premiazione e sapevo che era una buona occasione per sfruttare l'attenzione dei media e puntare i riflettori su un'ingiustizia da cui ero rimasta molto colpita. In quei giorni i notiziari avevano denunciato la presenza di centri di detenzione per immigrati negli Stati Uniti e la First Lady, Melania Trump, ne aveva visitato uno indossando una giacca con la scritta A ME NON IMPORTA, E A VOI? L'avevo trovato inopportuno e insensibile. Per la premiazione volevo indossare una giacca simile, verde, in stile militare, così mi sono messa al lavoro con il mio stilista per trovare un outfit che fosse una risposta adeguata. Sul retro della mia giacca abbiamo scritto: A ME IMPORTA E DOVREBBE IMPORTARE ANCHE A TE.

Avevo bisogno di condividere questo messaggio su un grande palcoscenico. A me importa molto degli altri, e m'importa pure dei detenuti nei centri lungo il confine con il Messico. È una scelta che alcuni spettatori hanno criticato, ma ci sono stati anche molti commenti positivi. La maggior parte della gente evita di parlare di questi temi per paura di offendere qualcuno o di perdere il sostegno del pubblico. Io, invece, incoraggio i miei fan a far sentire la loro voce per difendere quello in cui credono. Se non parliamo apertamente, non possiamo portare cambiamenti.

LE NOSTRE VOCI
POSSONO CAMBIARE LE COSE.
LO STESSO VALE
PER IL NOSTRO SILENZIO.

Nel 2018 ho partecipato a un incredibile viaggio in Kenya con WE, un'organizzazione non-profit impegnata a migliorare la vita attraverso cambiamenti sociali su territorio nazionale e internazionale. Siamo andati in Kenya perché lì molte comunità non hanno acqua potabile e molti bambini non hanno accesso all'istruzione. La WE lavora per raccogliere fondi e costruire scuole e pozzi d'acqua. Ho avuto la fortuna di essere uno dei volontari che hanno partecipato a questo viaggio ed è stata un'esperienza che mi ha cambiato la vita e mi ha aiutato a mettere le cose in prospettiva.

Abbiamo lavorato per sensibilizzare l'opinione pubblica sull'importanza dell'accesso all'acqua e all'istruzione e abbiamo costruito delle scuole, impastando e preparando il cemento insieme alla comunità locale. È facile dimenticare quanto sono fortunata nel poter dare per scontato un bisogno primario come l'acqua. Fino a quando non ho accompagnato alcune donne keniote nel loro tragitto, non avevo mai pensato alla sfida quotidiana che vive chi deve fare chilometri per dell'acqua che non è nemmeno pulita.

Una volta tornati negli Stati Uniti, WE ha organizzato una giornata di silenzio per sensibilizzare l'opinione pubblica sui problemi del Kenya. Tutti i volontari, i sostenitori e gli ambasciatori si sono astenuti dal fare apparizioni pubbliche o dal postare sui social media, per riflettere invece sui loro privilegi e su come aiutare gli altri.

PERSONE DI OGNI COLORE
E BACKGROUND DOVREBBERO
VEDERSI RAPPRESENTATE
NEI MEDIA.

Quando ero piccola non c'era molta inclusività in televisione o al cinema. Ricordo di aver ammirato la bravura di Dakota Fanning e di aver pensato: "Potrei essere la Dakota Fanning latina". Ovvero: quando immaginavo di diventare un'attrice pensavo di dover essere la versione latina di qualcun altro. Essere semplicemente me stessa non era un'opzione.

Quando ho avuto l'opportunità di dare la mia voce alla principessa Isabel nella serie animata *Elena di Avalor* della Disney, non pensavo nemmeno lontanamente che Elena sarebbe stata il modello latino che avevo sognato da piccola. Ho capito davvero l'impatto del personaggio solo quando sono andata a Walt Disney World per il debutto di Elena all'interno dei parchi. Era uno dei personaggi che accoglieva i giovani fan e nel parco erano in vendita vestiti e merchandising della serie. Bambini di ogni colore facevano la fila per incontrarla e comprare bambole e giocattoli.

Qualche giorno dopo, da Target, ho visto una ragazzina con in mano una bambola di Elena saltare su e giù dicendo: «È uguale a me!». La gioia sul viso di quella bambina è stata indescrivibile per me.

Quando avevo quattro anni ho chiesto a mia

madre se potevo tingermi i capelli di biondo per assomigliare a Cenerentola. Ma le ragazzine di questa generazione avranno una principessa Disney con la quale possono identificarsi. Per me, aver fatto parte di un progetto che ha portato la diversità sullo schermo è sia un punto d'orgoglio che una personale forma di guarigione.

INCORAGGIA GLI ALTRI
A ESSERE
DAVVERO SE STESSI.

Molte persone a Los Angeles, e in particolare a Hollywood, tendono a dirti solo quello che vuoi sentirti dire. Un giorno, mentre ero sul set, ho chiesto un parere su una scena. Chiedo sempre il parere dello sceneggiatore, quando è presente durante le riprese, perché voglio essere sicura che la mia interpretazione corrisponda a quello che aveva in mente. In quell'occasione ho ricevuto solo complimenti, cosa che non mi era di nessun aiuto! Io voglio essere sicura di realizzare la visione di chi ha dato forma alla storia, voglio poter lavorare insieme a loro per ottenere un prodotto finale di cui essere tutti soddisfatti; questo non succede se le persone tengono a freno la lingua ed evitano di dire le cose che contano.

CELEBRA
LA TUA DIVERSITÀ.
CIRCONDATI DI GENTE
CHE TI TIRA SU,
NON FARTI TRASCINARE
A FONDO.

Quando facevo le medie dovevo andare spesso a Los Angeles per lavoro. Le persone che frequentavo a quel tempo mi facevano sentire in colpa ogni volta che saltavo le lezioni. Mi prendevano in giro e dicevano che mi davo delle arie. Erano le stesse persone che vedevo ogni giorno in classe e durante la pausa pranzo, non credevo che sarei riuscita a prendere le distanze. Mi ci è voluto un po' per capire come le loro parole si fossero insinuate nei miei pensieri. Di solito cerco di essere gentile e accomodante, di concedere sempre il beneficio del dubbio. Dopo un po', però, mi sono resa conto che, con quella costante negatività, quei presunti amici mi stavano buttando giù. Questo tipo di energia negativa può avere un impatto su di te, su chi sei, senza che tu te ne renda conto.

Alla fine mi sono trovata dei nuovi amici e ho perfino riallacciato i rapporti con alcuni compagni delle elementari; ho fatto entrare nella mia vita persone positive e sincere, che mi hanno incoraggiata e fatto sentire bene.

TUTTI PROVANO INVIDIA
E GELOSIA:
È IL MODO IN CUI LE
GESTISCI A DEFINIRE IL
TUO CARATTERE.

Considero la gelosia un'emozione molto pericolosa e nociva. Credo che spesso affondi le proprie radici nelle relazioni interpersonali: chi esce con chi, quale amico viene invitato dove. Non sempre i miei amici mi coinvolgono in tutto quello che fanno, e va bene così. Anch'io ho programmi tutti miei, e in più amo stare da sola. So che passeremo comunque molto tempo insieme e ci sosterremo a vicenda.

L'insicurezza e l'invidia di solito mi colpiscono di più quando si tratta di lavoro. Se qualcun'altra ottiene la parte che volevo io, ovviamente provo una fitta d'invidia, ma non lascio che questa emozione ristagni. Invece di assecondarla, ho imparato a trasformarla in motivazione. Se vi crogiolate nell'invidia, non fate che sguazzare nella negatività. Lasciar andare e passare oltre è qualcosa che ho dovuto imparare nel corso degli anni. Ora è un'emozione che non dura più di un secondo. Per superarla scrivo sul mio diario pensieri positivi e pieni di amore, per ricordarmi che l'invidia è un'emozione umana naturale, ma anche una distrazione che mi allontana dal mio vero scopo.

SII IL BENE
CHE CERCHI
NEGLI ALTRI.

Smettila di criticare e concentrati sulle cose buone. Cerca di essere positivo. Se anche una singola persona nel tuo giro di amici è positiva, magari qualcun altro farà suo quel tipo di energia. Certo, tutti abbiamo il diritto di avere una giornata storta o di sentirci giù, ma siamo noi a decidere su cosa concentrarci e come gestire i nostri stati d'animo. Immagina se tutti si impegnassero per condividere energia positiva!

L'anno scorso stavo tornando a casa da Los Angeles insieme a mia madre. L'ennesimo lungo viaggio in macchina: mi sentivo a terra. Mia madre cercava di avviare una conversazione o di farmi ridere, ma io non riuscivo a scrollarmi di dosso il malumore. Alla fine mi ha detto: «Jenna, lo sai che a volte è proprio difficile starti vicino? Puoi essere davvero negativa».

Sono rimasta scioccata. Non mi ero mai vista a quel modo. Non avevo mai pensato che il mio umore o la mia negatività potessero influenzare le persone che amavo. Quel momento mi ha cambiato la vita. Ho capito che, se la mia energia negativa si ripercuoteva sui miei familiari, allora doveva influenzare anche il resto delle mie relazioni. Da allora ho cominciato a fare attenzione all'energia delle persone e mi sono resa conto di trovarmi più in sintonia con quelle ottimiste ed estroverse, che illuminano la stanza con la loro gioia e il loro sorriso. Ma non avevo mai pensato di poter essere io quel tipo di persona per qualcun altro. Mi ci è voluto un po' per capire che potevo avere anch'io quell'energia e rifletterla verso gli altri.

SERVE VERO CORAGGIO
PER CHIEDERE AIUTO.

Per una persona come me, testarda e spesso definita indipendente, è stato difficile imparare a chiedere aiuto. Anzi, è stata una lezione che mi ha messo alla prova.

Prima di iniziare a girare *Harley nel mezzo* avevo sempre frequentato la scuola pubblica. Ma poi, dovendo essere spesso sul set, ho cominciato a studiare con gli insegnanti privati che mi forniva la produzione. Avevo paura di chiedere aiuto perché non volevo dare l'impressione di non farcela da sola. Ho iniziato a studiare algebra e, anche se ora la adoro, all'inizio proprio non la capivo. Un giorno la mia insegnante di matematica del liceo, che doveva valutare il mio lavoro scolastico, mi ha telefonato ed è andata subito al sodo: «Jenna, è chiaro che stai avendo difficoltà con questa materia. Perché non chiedi aiuto al tuo tutor?».

Ho fatto un po' resistenza, ma alla fine le ho dato retta. Il mio insegnante sul set mi ha rispiegato per bene tutti i concetti. Lavorando assieme a lui all'improvviso la mia mente si è aperta e tutto ha cominciato ad avere senso.

Mi ero fatta l'idea di essere una persona che non doveva chiedere aiuto, convincendomi di essere troppo indipendente, autosufficiente e adulta per farlo. Per fortuna ho capito che si trattava di un segno di testardaggine, non di indipendenza. Non c'è niente di male nel chiedere un supporto. Anzi, è indice di maturità e di crescita.

IL TUO VALORE
VIENE DA DENTRO,
NON DAGLI ALTRI.

Troppo spesso permettiamo alle nostre insicurezze e alle nostre paure di influenzare l'idea che abbiamo di noi stessi e gli standard che ci prefissiamo. È importante ricordare che la vita di una persona non conta più di quella di chiunque altro. Siamo tutti sulla stessa barca, quindi smettiamo di fare confronti e iniziamo ad aiutarci a vicenda.

Una volta avevo un'amica davvero dolce, bella e piena di talento. Ricordo che mi sentivo tremendamente insicura e insoddisfatta ogni volta che mi paragonavo a lei. Quello che non sapevo, però, era che lei provava le stesse cose nei miei confronti!

Ora ho imparato ad apprezzare le doti degli altri senza patire il confronto. Quando vedo qualcuno con un look che mi piace, o che è simpatico, o che ha un sorriso fantastico, glielo dico subito. Mi rende una persona più positiva e fa sentire bene sia me che loro. Valorizzare gli altri non comporta per forza buttarsi giù.

LASCIA CHE SIANO

LE TUE AZIONI A PARLARE.

Non credo nei fenomeni montati ad arte. Credo nel duro lavoro e nei risultati. Molta gente dedica un sacco di energia a pompare il lancio di progetti che poi si rivelano deboli e per niente degni di tanta attesa. Ma quando un progetto non è all'altezza delle aspettative è facile spendere molto tempo ed energia a creare *hype*. A me dà più soddisfazione lavorare sodo su qualcosa senza che si sappia in giro e poi, una volta finito, lasciare che si presenti da solo.

CHE RICORDI
VUOI LASCIARE DI TE?
IL DOMANI NON È GARANTITO
E LA GENTE TI RICORDERÀ
PER QUELLO CHE FAI ORA.

Da giovani si pensa di poter fare tutto quello che si desidera, di avere davanti tutto il tempo per maturare e diventare la persona che si vuole essere. Ma la verità è che quello che sei dipende in gran parte da come ti comporti adesso: sei il modo in cui tratti gli altri, ed è così che sarai ricordato.

Quando sono sul set, presa dal mio lavoro, può capitare che sia troppo impegnata a dare il massimo per riconoscere tutto l'aiuto che ricevo da chi ho attorno, ed è per questo che ritengo fondamentale ringraziare tutti i membri della troupe e tutti gli assistenti di produzione che s'impegnano nel loro lavoro in modo che io possa fare al meglio il mio. Cerco sempre di esprimere la mia gratitudine. Penso a come voglio essere ricordata, e questo mi aiuta a dare il giusto peso alle mie azioni. E cerco anche di non dare nulla per scontato, perché so che tutto potrebbe svanire da un momento all'altro.

ESPONITI PER CAMBIARE
LE COSE PER IL MEGLIO
NON IMPORTA
QUANTO SIA DIFFICILE,
QUANTO ALTA
LA POSTA IN GIOCO
O QUANTO GRANDE
IL PALCOSCENICO.

Nel 2017 ho parlato alle Nazioni Unite della mia esperienza nell'ambito del programma UNAIDS per sensibilizzare il pubblico sull'HIV. Ho tenuto il mio discorso davanti a una sala piena di leader, diplomatici e attivisti di tutto il mondo. Ero un fascio di nervi, dovevo parlare con il primo ministro dell'Uganda seduto alla mia sinistra e il presidente della Francia alla mia destra. C'erano stati molti interventi quel giorno, la maggior parte dei quali pieni di dati e statistiche, mentre il mio discorso veniva dal cuore: ho raccontato di mio nonno e delle ripercussioni della sua morte per AIDS sulla mia famiglia. Era un argomento che non avevo mai affrontato in pubblico, ma sapevo che era l'occasione giusta per condividere l'impatto che questa malattia aveva avuto su di noi.

Mio nonno è morto prima che io nascessi. Lavorava nello spettacolo e ha dichiarato pubblicamente la sua omosessualità quando ormai era avanti con gli anni. Io sento un profondo legame con lui perché ho ereditato la sua passione per la recitazione. Durante quel discorso alle Nazioni Unite ho iniziato a piangere per l'emozione. Mi sentivo così vulnerabile su quel palco; ero la persona più giovane in tutta la sala.

Mentre parlavo i partecipanti al convegno hanno posato le forchette e guardato nella mia direzione. Il chiacchiericcio di fondo si è attenuato e poi è cessato del tutto. Dopo il mio discorso uno dei ministri stranieri, che all'inizio non mi aveva nemmeno considerata, si è avvicinato e ha chiesto se avremmo potuto continuare la conversazione. Quella è stata una giornata importante per me, soprattutto perché ho sentito di essere stata all'altezza di un evento di tale portata.

PUOI FARE
TUTTO QUELLO
CHE VUOI.

Ci vuole coraggio per esplorare le proprie passioni e seguire le proprie ambizioni. Se sogni di scrivere un romanzo, se fantastichi di comporre e interpretare una canzone, se la tua aspirazione è diventare capitano della squadra di calcio: buttati! Magari al momento non avrai tutte le risorse, le conoscenze o le capacità necessarie, ma puoi cominciare. Chissà, magari dopo aver iniziato a scrivere musica o a prendere lezioni di recitazione ti renderai conto che non fanno per te ma avrai imparato a esercitarti e a lavorare sodo, e magari avrai incontrato nuovi amici che ti faranno conoscere altre attività interessanti. Mettersi in gioco è sempre una buona idea. Sperimenta e impara il più possibile.

L'idea di fallire può intimidire e mettere paura, ma vale sempre la pena inseguire i propri sogni. Non lasciare mai che le tue paure ti impediscano di lavorare per raggiungere i tuoi obiettivi. Prendi il controllo della tua storia. Non permettere a nessun altro di scriverla al posto tuo.

CENNI SULL'AUTRICE

JENNA ORTEGA è un'attrice pluripremiata e una personalità dei media. Ha recitato nei film *Yes Day*, con Jennifer Garner, e *La babysitter: Killer Queen*, nelle serie tv *Elena di Avalor*, *Jane the Virgin* e *You*. È stata protagonista della serie tv *Mercoledì*. Collabora con il National Bullying Prevention Center e con l'AIDS Healthcare Foundation. È uno dei volti di Neutrogena. Quando non è impegnata su un set, Jenna si dedica alla presenza Latinx nei media, scrive sceneggiature e passa il tempo nella Coachella Valley insieme alla sua famiglia.

@JennaOrtega

MISTO
Carta | A sostegno della gestione forestale responsabile
FSC® C023419
FSC www.fsc.org

Stampato presso Lego S.p.A. - Stabilimento di Lavis